Cuisine du sportif

100 recettes
saines et énergétiques

hachette
CUISINE

Carrément cuisine

Ce livre, c'est 100 recettes goûtées et approuvées, variées et simples à préparer avec des ingrédients faciles à trouver… la base du bon livre de cuisine ! Mais nous avons voulu vous apporter plus encore avec des astuces et des idées qui font débuter le plaisir de cuisiner dès l'ouverture du livre.

1. Fini le manque d'inspiration au moment du choix de votre recette. **Les chapitres du livre ont été pensés par moments de la journée**. Faites votre choix en un clin d'œil.

« Cuisine du sportif », ce sont :

- Des recettes « coup de boost » pour le petit déjeuner
  > Rendez-vous page 14
- Des plats pleins d'énergie pour le déjeuner ou le dîner
  > Rendez-vous page 70
- Des en-cas pour accompagner l'effort
  > Rendez-vous page 156
- Des boissons saines et gourmandes
  > Rendez-vous page 194

2. Et parce qu'on n'a jamais assez d'idées, vous trouverez au début de ce livre des sommaires illustrés divisés en fonction des ingrédients présents dans les recettes, selon votre envie du moment.

- **Envie de recettes végétariennes ?**
  > Rendez-vous page 7

- **Envie de préparations riches en antioxydants ?**
  > Rendez-vous page 9

- **Envie de recettes à emporter ?**
  > Rendez-vous page 11

- **Envie de faire le plein de protéines ?**
  > Rendez-vous page 13

SOMMAIRE

1. Petit déjeuner « coup de boost »

2. Déjeuner et dîner pleins d'énergie

3. Les en-cas avant, pendant et après l'effort

4. Boissons saines et gourmandes

1

2

3

6

7

8

11

12

13

Quelques suggestions de recettes

Végétariennes

1

2

3

6

7

8

11

12

13

Quelques suggestions de recettes

Riches en antioxydants

1

2

3

6

7

8

11

12

13

Quelques suggestions de recettes

À emporter

1

2

3

6

7

8

11

12

13

Quelques suggestions de recettes

Pour faire le plein de protéines

1. Petit déjeuner « coup de boost »

Pain sportif

Pour 6 petits pains / 20 min de préparation / 4 h de repos / 35 à 45 min de cuisson

Ingrédients

100 g de farine de seigle T170
400 g de farine blanche T55
10 g de sel
7 g de levure de boulanger
32 cl d'eau
80 g d'abricots moelleux
80 g de figues moelleuses
60 g de noisettes

Matériel

1 robot pétrisseur
1 grand saladier
1 linge
1 plaque allant au four

1. Dans un robot pétrisseur ou à la main, mélangez le sel et les farines.

2. Délayez la levure dans l'eau.

3. Pétrissez l'ensemble pendant 10 min.

4. Ajoutez les abricots et les figues coupées en petits morceaux 1 min avant la fin du pétrissage, et laissez fermenter sous un linge pendant 2 h.

5. Séparez la pâte en petits pâtons. Placez-les sur une plaque allant au four et laissez reposer pendant 2 h.

6. Préchauffez le four à 220 °C (th. 7-8). Incisez les pâtons et enfournez pour 35 à 45 min.

7. C'est prêt ! Dégustez par exemple avec une confiture de fruits rouges.

SUGGESTION

Le pain sportif représente un repas complet équilibré qui peut être accompagné d'un yaourt nature pour un peu de fraîcheur.

INFO NUTRITION

Les fruits secs sont riches en vitamines naturellement antioxydantes et les graines apportent de la vitamine E.

Pain aux fruits séchés et au kamut

Pour 1 gros pain / 3 h de trempage / 10 min de préparation / 2 h de repos / 30 min de cuisson

Ingrédients

2 tasses de fruits séchés
2 tasses de jus d'orange
25 cl de boisson végétale tiède
7 g de levure de boulanger (en granulés)
500 g de farine de kamut
10 g de sel
10 cl de lait concentré sucré

1. Mettez à tremper les fruits séchés dans le jus d'orange pendant 3 h.

2. Délayez la levure dans 2 cuil. à soupe de boisson végétale. Versez la farine de kamut et le sel en fontaine. Ajoutez la levure, le reste de boisson, le lait concentré et 10 cl d'eau.

3. Mélangez et pétrissez pendant environ 15 min. Laissez pousser pendant 1 h 30 à 2 h dans un endroit tiède.

4. Étalez la pâte en grand rectangle, répartissez dessus les fruits séchés égouttés, puis roulez-la en pain. Laissez-la gonfler pendant le préchauffage du four à 200 °C (th. 6-7).

5. Faites cuire pendant environ 30 min. Réduisez la température si le pain brunit trop vite.

INFO NUTRITION

Le kamut est une variété de blé dur très ancienne, riche en protéines, en magnésium, en zinc et en sélénium.

Bircher Muesli aux noisettes

Pour 4 personnes / 10 min de préparation / 2 h à 12 h de repos

Ingrédients
150 g de flocons d'avoine
50 g de raisins secs
400 g de boisson végétale au riz ou de jus d'orange (ou un mélange)
50 g de lait concentré sucré (ou sirop végétal)
4 cuil. à soupe de noisettes
1 pomme
Quelques fruits de saison (abricots, fruits rouges...)

1. Versez la boisson végétale au riz, le jus d'orange et le lait concentré sur les flocons de céréales et les raisins. Couvrez et réservez au frais pendant 2 à 12 h.

2. Juste avant de déguster, émincez les fruits et ajoutez-les aux céréales. Parsemez de noisettes concassées torréfiées.

Cereals
Fruit
Muesli
Milk
Cornflakes

Muesli aux fruits rouges

Pour 1 bocal / 10 min de préparation

Ingrédients
200 g de flocons d'avoine
150 g de flocons de sarrasin
150 g de flocons de châtaigne
25 g de noisettes
25 g de noix
20 g de baies de goji
20 g de cranberries
50 g de fraises
50 g de framboises
50 g de myrtilles
1 cuil. à café d'huile de sésame

1. Dans un grand saladier, mélangez les flocons, les noisettes et les noix grossièrement hachées, les baies de goji et les cranberries. Placez ce mélange dans un grand bocal et conservez-le au sec.

2. Le matin, au moment de déguster, ajoutez à votre bol de muesli l'huile de sésame, les fraises coupées en morceaux, les framboises et les myrtilles.

3. Arrosez de lait bien frais ou de boisson végétale et dégustez.

Granola à la noisette

Pour 1 grand bocal / 10 min de préparation / 30 min de cuisson

Ingrédients

300 g de flocons d'avoine
60 g de flocons de riz
60 g de flocons d'azukis
100 g de noisettes et d'amandes grossièrement hachées
4 cuil. à soupe de purée de noisettes
3 cuil. à soupe de sirop d'agave
Une poignée de noisettes entières
Une poignée de pépites de chocolat

1. Dans un saladier, mélangez les flocons et les fruits secs. Ajoutez ensuite la purée de noisettes et le sirop d'agave et malaxez bien afin de répartir uniformément les ingrédients.

2. Préchauffez le four à 180 °C (th. 6). Répartissez le mélange sur une plaque et enfournez pour 30 min en remuant toutes les 10 min. À la fin de la cuisson, le granola doit être doré.

3. Laissez refroidir, ajoutez les noisettes entières et les pépites de chocolat et placez le tout dans un bocal hermétique. Dégustez au petit déjeuner ou au goûter avec du lait froid ou chaud.

CONSEIL

Pour une version vegan, dégustez ce granola avec une boisson végétale.

Granola aux baies de goji

Pour 10 portions / 10 min de préparation / 12 min de cuisson

Ingrédients

5 figues sèches
30 cl d'eau chaude
5 cuil. à soupe de miel
150 g de flocons d'avoine
50 g de riz soufflé
25 g de quinoa cru
1 cuil. à café de cannelle
50 g de noix de cajou
2 cuil. à soupe de noix de coco râpée
2 cuil. à soupe de baies de goji

Matériel

1 saladier
1 plaque de cuisson
1 bocal hermétique

1. Préchauffez le four à 180 °C (th. 6).

2. Plongez les figues dans l'eau chaude pendant quelques minutes, puis mixez-les avec le miel jusqu'à obtenir une pâte homogène.

3. Dans un saladier, mélangez les flocons d'avoine, le riz soufflé, le quinoa cru, la cannelle et le mélange figues-miel. Mélangez le tout.

4. Sur une plaque de cuisson chemisée de papier sulfurisé, étalez le granola pour obtenir une couche fine et bien tassée. Enfournez pour 12 min en surveillant, car le granola doit être doré mais pas trop !

5. Une fois le granola doré, sortez-le du four et laissez-le refroidir à température ambiante sans y toucher. Une fois refroidi, émiettez-le grossièrement et ajoutez-y les noix de cajou entières ou grossièrement écrasées, la noix de coco râpée et les baies de goji.

6. Mettez le granola dans un pot hermétique et dégustez.

ASTUCE

Le granola maison se conserve dans une boîte hermétique pendant environ 1 mois, dans un endroit frais et sec.

INFO NUTRITION

Pour un petit déjeuner complet et rassasiant, complétez par un fromage blanc ou un dessert végétal à base de soja.

Granola à l'abricot

Pour un bocal de granola / 10 min de préparation / 20 min de cuisson

Ingrédients
30 g d'amandes émondées
30 g de noisettes
90 g de flocons d'avoine
30 g de flocons de quinoa
15 g de riz soufflé nature
20 g de graines de courge
1 cuil. à soupe de miel neutre
1 cuil. à soupe de miel de châtaignier
120 g d'abricots séchés moelleux
70 g de pépites de chocolat

1. Préchauffez le four à 160 °C (th. 5). Concassez très grossièrement les amandes et les noisettes. Mélangez-les avec tous les autres ingrédients sauf les abricots et les pépites de chocolat. Répartissez-les sur une plaque de four recouverte d'une feuille de cuisson.

2. Faites cuire pendant environ 20 min en mélangeant à mi-cuisson.

3. Sortez du four et laissez tiédir. Hachez grossièrement les abricots puis ajoutez-les au mélange de céréales avec les pépites. Laissez refroidir avant de réserver dans un récipient hermétique.

INFO NUTRITION

Le miel des abricots séchés et le chocolat apportent la saveur sucrée à ce granola, inutile d'ajouter du sucre ! Préférez le chocolat noir à 70 % de cacao, plus riche en magnésium.

Porridge de flocons d'avoine, sirop d'érable et pomme

Pour 1 personne / 8 à 10 min de préparation / 30 min de cuisson

Ingrédients

20 cl de boisson végétale à la châtaigne
4 cuil. à soupe de petits flocons d'avoine
1 cuil. à soupe de sirop d'érable
1 pomme

Matériel

Râpe

1. Versez la boisson végétale à la châtaigne dans une casserole, ajoutez les flocons d'avoine et faites cuire à feu doux 30 min jusqu'à ce que les flocons d'avoine soient gonflés et moelleux.

2. Versez dans une assiette creuse et arrosez de sirop d'érable. Épluchez la pomme et râpez-la dessus. Dégustez immédiatement.

VARIANTES

Utilisez un autre type de boisson végétale ou du lait de brebis.

Porridge millet et quinoa

Pour 1 personne / 10 min de préparation / 5 min de cuisson

Ingrédients

15 cl de lait d'amande
30 g de flocons de millet
30 g de quinoa cuit
1 poignée de cranberries
2 figues fraîches
1 cuil. à soupe de myrtilles
1 cuil. à soupe de graines de sésame

Matériel

1 casserole
1 bol

1. Pendant quelques minutes, faites chauffer dans une casserole le lait d'amande, les flocons de millet et le quinoa cuit jusqu'à obtenir une préparation épaisse.

2. Sortez du feu et laissez refroidir.

3. Versez dans un bol le mélange obtenu et ajoutez les cranberries, les figues découpées en morceaux, les myrtilles et les graines de sésame.

4. Dégustez.

SUGGESTION

Vous pouvez remplacer les myrtilles par des baies d'açaï.

INFO NUTRITION

Les flocons de millet et le quinoa ne contiennent pas de gluten.
Ils rendent la digestion de ce repas plus facile.

Chia pudding aux noix et aux baies de goji

Pour 2 personnes / 10 min de préparation / 1 nuit de réfrigération

Ingrédients

250 g de yaourt
6 cuil. à soupe de graines de chia
20 g de cerneaux de noix + quelques-uns pour décorer
20 g de baies de goji + quelques-unes pour décorer
1 cuil. à café de vanille en poudre
1 cuil. à soupe de sucre blond de canne

1. La veille, mélangez le yaourt avec les graines de chia, la vanille et le sucre. Hachez grossièrement les noix et ajoutez-les au mélange avec les baies de goji. Mélangez, versez dans 2 bols, couvrez d'un film étirable et placez au frais toute la nuit.

2. Le lendemain matin, avant de déguster, décorez les puddings de quelques cerneaux de noix et de quelques baies de goji.

INFO NUTRITION

Les graines de chia sont naturellement riches en fibres et permettent de lutter contre les problèmes de ralentissement du transit intestinal.

Chia pudding aux fruits rouges

Pour 4 personnes / 10 min de préparation / 1 h 30 de repos

Ingrédients
150 g de fruits rouges (framboises, fraises, myrtilles, cassis)
60 cl de lait de coco
50 g de graines de chia
1 cuil. à soupe de miel
1 cuil. à café d'extrait de vanille
2 bananes

Matériel
Robot blender ou mixeur

1. Lavez les fruits.

2. Mixez le lait de coco avec les graines de chia, le miel et l'extrait de vanille.

3. Conservez au réfrigérateur pendant 1 h.

4. Mixez les bananes et les fruits rouges. Ajoutez au mélange de lait. Conservez 30 min au réfrigérateur.

5. Servez, dégustez avec des fruits rouges frais.

SUGGESTION

Vous pouvez remplacer le lait d'amande par une boisson végétale à base d'avoine ou de riz.

INFO NUTRITION

Le cassis, baie sauvage, fait partie des fruits les plus riches en vitamine C. Il contient également de la vitamine E.

Energy bowl

Pour 1 personne / 5 min de préparation

Ingrédients
60 g de fraises fraîches
60 g de mûres
60 g de myrtilles fraîches
1 yaourt grec nature
30 g de flocons d'avoine
1 poignée d'amandes
1 cuil. à soupe de graines de chia

Matériel
1 robot mixeur blender
1 bol

1. Lavez les fraises, les mûres et les myrtilles. Réservez 1 cuil. à soupe de chaque fruit.

2. Placez les fraises, les mûres et les myrtilles dans le robot blender. Mixez l'ensemble et ajoutez le yaourt grec à la fin, puis mélangez.

3. Versez les flocons d'avoine dans un bol.

4. Versez le smoothie sur les flocons d'avoine. Placez dessus les fraises, les mûres et les myrtilles restantes. Déposez les amandes sur l'ensemble.

5. Saupoudrez de graines de chia et dégustez.

SUGGESTIONS

Vous pouvez remplacer les amandes par des noisettes torréfiées pour plus de gourmandise ! Pour les torréfier, il suffit de les mettre sur une plaque allant au four et de les faire dorer pendant quelques minutes à 160 °C (th. 5-6).

INFO NUTRITION

Les mûres sont riches en polyphénols et viennent renforcer le pouvoir antioxydant des fruits rouges. Les myrtilles apportent des fibres douces.

Made

Super bowl

Pour 1 personne / 5 min de préparation

Ingrédients

100 g de framboises fraîches
100 g de myrtilles fraîches
1 banane
3 cl de jus d'açaï
Eau
50 g de flocons d'avoine
1 cuil. à soupe de graines de pavot

Matériel

1 robot mixeur blender
1 bol

1. Lavez les framboises et les myrtilles. Réservez 1 cuil. à soupe de myrtilles et 1 cuil. à soupe de framboises.

2. Placez les framboises, les myrtilles, la moitié de la banane et le jus d'açaï dans le robot blender. Mixez l'ensemble et ajoutez de l'eau en fonction de la texture voulue.

3. Versez les flocons d'avoine dans un bol.

4. Versez le smoothie sur les flocons d'avoine. Placez dessus les framboises et les myrtilles restantes. Découpez le reste de banane en tranches et disposez-les sur le smoothie.

5. Saupoudrez de graines de pavot et dégustez.

ASTUCE

Le jus d'açaï étant très concentré, ce n'est pas la peine d'en mettre en excès : 3cl suffisent.

INFO NUTRITION

L'açaï est très riche en vitamines E et C.

Quinoa aux myrtilles

Pour 1 personne / 10 min de préparation / 12 min de cuisson

Ingrédients
50 g de quinoa cuit
10 cl de lait
1 poignée de myrtilles fraîches
15 g de noix décortiquées

Matériel
1 casserole
1 bol

1. Faites cuire le quinoa dans deux fois son volume de lait dans une casserole à feu doux pendant 12 min (ou selon le temps de cuisson indiqué sur le paquet de quinoa).

2. Lavez et séchez les myrtilles fraîches.

3. Écrasez grossièrement les noix.

4. Lorsque le quinoa est cuit, versez-le dans un bol et ajoutez les myrtilles et les noix.

5. Dégustez.

SUGGESTIONS

Pour varier les plaisirs, vous pouvez utiliser le lait de votre choix : lait demi-écrémé, lait d'amande ou boisson végétale à base de riz ou d'avoine.
Vous pouvez également rajouter quelques tranches de banane pour obtenir un bol plus énergétique.

INFO NUTRITION

Le quinoa fait partie des féculents. C'est une excellente source de protéines (15 %), riche en acides aminés essentiels et également en fibres, ce qui lui permet d'être rassasiant pour vous faire tenir la matinée !

Power bowl quinoa et graines de chia

Pour 1 personne / 10 min de préparation / 20 min de cuisson

Ingrédients

50 g de quinoa
24 cl de boisson végétale à la noix de coco
½ gousse de vanille
1 cuil. à soupe de sucre de coco
1 cuil. à soupe de graines de chia
70 g de framboises
1,5 cuil. à soupe de sirop de coco
1 cuil. à café d'acérola en poudre
1 cuil. à soupe de lait de coco
½ abricot mûr
½ citron
1 cuil. à soupe de copeaux de noix de coco

Matériel

Mixeur

1. Rincez bien le quinoa sous l'eau et déposez-le dans une casserole avec la boisson végétale, la gousse de vanille ouverte et le sucre de coco. Portez à ébullition et faites cuire à feu doux pendant 15 à 20 min. Ajoutez les graines de chia 2 min avant la fin de la cuisson.

2. Pendant ce temps, rincez les framboises, mixez-en la moitié avec ½ cuil. à soupe de sirop de coco et l'acérola.

3. Lorsque le quinoa est cuit, ajoutez-y le lait de coco et le reste de sirop de coco. Mélangez la moitié du quinoa avec la moitié des framboises mixées.

4. Répartissez le quinoa à la framboise dans un grand bol, ajoutez le quinoa nature et le coulis de framboises restant.

5. Au dernier moment, rincez et mixez l'abricot dénoyauté avec le jus du ½ citron, et versez-le sur le bol. Parsemez de framboises, de copeaux de noix de coco et dégustez aussitôt.

CONSEIL

Vous pourrez trouver la boisson végétale à la noix de coco et le sirop de coco dans votre magasin bio.

Salade de fruits aux baies de goji

Pour 1 personne / 10 min de préparation / 2 min de repos

Ingrédients

200 g de fruits rouges
½ avocat
¼ de mangue
1 citron vert
1 cuil. à soupe de sucre de coco
1 cuil. à soupe de baies de goji
1 pincée de cannelle

Matériel

Mixeur

1. Épluchez l'avocat et la mangue. Mixez-les ensemble avec la moitié du jus de citron vert.

2. Lavez, épluchez et coupez les plus gros fruits. Déposez-les dans un bol, arrosez-les avec le jus de citron restant, parsemez de sucre, les baies de goji et la pincée de cannelle. Mélangez et laissez reposer 2 min avant de déguster.

3. Dégustez le crémeux mangue-avocat avec les fruits frais.

Compote de fruits secs

Pour 8 personnes / 10 min de préparation / 1 h de repos / 1 h de cuisson

Ingrédients

250 g de pruneaux
250 g d'abricots secs
250 g de figues sèches
50 g de raisins secs
60 g de sucre
4 poignées d'amandes
4 poignées de pistaches décortiquées

Matériel

1 saladier
1 casserole
Coupelles individuelles

1. Dénoyautez les pruneaux. Réunissez les pruneaux, les abricots et les figues dans un saladier. Couvrez d'eau tiède et laissez tremper toute la nuit.

2. Égouttez les fruits et mettez-les dans une casserole. Ajoutez-y les raisins secs et le sucre. Mélangez bien et couvrez d'eau. Portez à ébullition. Laissez mijoter à feu doux environ 1 h jusqu'à ce que les fruits soient bien tendres.

3. Égouttez et répartissez les portions dans des coupelles individuelles. Arrosez de sirop de cuisson. Ajoutez les amandes et les pistaches, mélangez et laissez refroidir.

4. Dégustez.

SUGGESTIONS

Vous pouvez varier les goûts avec des noix de cajou, des noix du Brésil...

INFO NUTRITION

Les fruits secs sont un concentré de bienfaits grâce à leurs antioxydants et à leurs fibres. Les graines oléagineuses contiennent de la vitamine E.

Fromage blanc et mangue mixée

Pour 2 verres / 10 min de préparation

Ingrédients
100 g de fromage blanc
1 mangue mûre
1 cuil. à soupe de mulberries (en épicerie bio)
1 poignée de fruits à coques mélangés (amandes, pistaches, pécan, etc.)

Matériel
Mixeur

1. Mélangez bien le fromage blanc afin qu'il soit onctueux. Épluchez la mangue et mixez la chair avec les mulberries.

2. Répartissez dans les verres la purée de mangue, puis le fromage blanc et parsemez de fruits à coques.

VARIANTE

Vous pouvez remplacer la mangue mixée par de la compote de fruits.

INFO NUTRITION

Pour 1 verre : Calories 234 kcal / Protéines 8 g / Glucides 24 g / Lipides 12 g

Parfait aux myrtilles, baies d'açaï et baies de goji

Pour 2 personnes / 15 min de préparation

Ingrédients
10 cl de lait de coco
50 g de framboises
50 g de bleuets (myrtilles)
1 cuil. à soupe de baies d'açaï en poudre
1 cuil. à soupe de jus de citron
1 cuil. à soupe de sirop d'agave
150 g de granola aux baies de goji (voir recette p. 26)
200 g de yaourt à la grecque

Pour décorer :
Quelques amandes entières
Quelques baies de goji
Quelques myrtilles fraîches (ou bleuets)

Matériel
Blender

1. Préparez le smoothie aux fruits. Dans le bol du blender, versez le lait de coco, ajoutez les framboises, les bleuets, les baies d'açaï, le jus de citron et le sirop d'agave. Mixez jusqu'à l'obtention d'une consistance homogène.

2. Dans un récipient en verre, versez un peu de ce smoothie, saupoudrez de 2 cuil. à soupe de granola, recouvrez d'une couche de yaourt, d'une nouvelle couche de smoothie puis finissez avec du granola. Décorez de quelques baies de goji, amandes et myrtilles fraîches. Procédez de la même façon dans un second bol. Dégustez aussitôt.

INFO NUTRITION

Les myrtilles (ou bleuets) contiennent des flavonoïdes, composés antioxydants qui permettent notamment de lutter contre les maladies cardiovasculaires.

Crémeux d'orge aux poires et aux noisettes

Pour 4 personnes / 12 h de trempage / 10 min de préparation / 1 h de cuisson

Ingrédients
120 g d'orge perlé
1 l de boisson végétale au soja aromatisée à la vanille
4 cuil. à soupe de noisettes
2 petites poires
10 cl de sirop d'agave
2 cuil. à soupe de chicorée soluble

1. La veille, mettez à tremper l'orge perlé dans un grand volume d'eau pendant 12 h.

2. Portez la boisson végétale à ébullition dans une grande casserole anti-adhésive ou dans un robot chauffant. Ajoutez l'orge égoutté et laissez cuire pendant 50 min en mélangeant très souvent. La préparation doit être bien crémeuse. Au besoin, ajoutez un peu de boisson végétale.

3. Concassez les noisettes et mettez-les à griller à sec dans une poêle pendant 5 à 10 min, jusqu'à ce qu'elles commencent à brunir.

4. Épluchez les poires, retirez les cœurs, puis coupez la chair en cubes.

5. Répartissez l'orge, les poires et les noisettes dans 4 coupelles. Arrosez de sirop d'agave et d'un trait de chicorée. Servez aussitôt.

INFO NUTRITION

L'orge est riche en fibres solubles qui emprisonnent une partie des graisses alimentaires, ce qui permet de réduire la quantité de graisses absorbée et le taux de cholestérol sanguin.

Smoothie bowl

Pour 1 personne / 5 min de préparation

Ingrédients

1 kiwi
¼ d'avocat
½ banane
1 poignée de myrtilles fraîches
½ citron vert
3 feuilles de menthe
1 cuil. à soupe de graines de chia
Quelques fleurs de bleuets

Matériel

1 robot mixeur blender
1 bol

1. Épluchez et découpez en morceaux le kiwi, l'avocat et la banane. Réservez 2 tranches de kiwi, 2 tranches d'avocat et 2 tranches de banane. Lavez les myrtilles et réservez-en quelques-unes.

2. Mixez les fruits avec le jus du citron vert, 3 feuilles de menthe et les graines de chia.

3. Versez le mélange dans un bol. Déposez les tranches de kiwi, d'avocat et de banane sur la préparation, ainsi que les fleurs de bleuets.

4. Dégustez.

ASTUCE

Pour éviter que l'avocat noircisse, pressez du citron dessus. Cela évitera qu'il s'oxyde. La vitamine C du citron est un bon antioxydant.

INFO NUTRITION

Ce petit déjeuner vous fera faire le plein de vitamine C et de vitamine E !

Muesli smoothie

Pour 4 personnes / 30 min de repos / 5 min de préparation

Ingrédients
60 g de céréales croustillantes
35 cl de lait ou de boisson végétale au choix
1 grosse banane
1 grosse poire mûre
1 barquette de framboises
2 cuil. à soupe de baies de goji
10 g de graines de céréales germées

Matériel
Blender

1. Versez le lait sur les céréales et laissez-les gonfler pendant 30 min. Pelez la banane, épluchez la poire et ôtez le trognon.

2. Versez dans un blender. Ajoutez la banane, la poire, les framboises, les baies de goji et les graines germées. Mixez, puis ajoutez des glaçons (selon la consistance souhaitée). Mixez à nouveau et servez aussitôt.

SUGGESTION

Filtrez le smoothie afin d'obtenir un liquide bien lisse.

INFO NUTRITION

Ce muesli smoothie permet de faire un petit déjeuner complet, à boire rapidement pour les plus pressés ! Pour le réaliser, préférez les boissons végétales enrichies en calcium.

Petit déjeuner à boire

Pour 2 grands verres / 10 min de préparation

Ingrédients

40 cl de lait d'amande
Le jus de 1 orange
1 banane
30 g de flocons d'avoine
Une poignée de canneberges
Une poignée de baies de goji
2 cuil. à café de baies d'açaï
2 cuil. à café de graines de chia

Matériel

Blender

1. Versez le lait d'amande et le jus d'orange dans le bol du blender. Ajoutez la banane (épluchée et coupée en morceaux), les flocons d'avoine, les baies et les graines de chia.

2. Mixez pendant 2 min à puissance maximale, jusqu'à l'obtention d'une texture homogène.

3. Si vous souhaitez un mélange plus liquide, ajoutez un peu de lait d'amande.

4. Dégustez très frais.

Pancakes à l'açaï, aux myrtilles et aux cranberries

Pour 15 pancakes environ / 15 min de préparation / 3 min de cuisson / 1 h de repos

Ingrédients
150 g de farine
25 g de poudre d'amandes
2 cuil. à café de levure chimique
3 cuil. à soupe de sucre de canne complet
1 cuil. à soupe d'açaï en poudre
1 pincée de sel
25 cl de lait ribot
3 œufs
3 cuil. à soupe d'huile de coco
100 g de myrtilles
2 cuil. à soupe de cranberries

1. Mélangez la farine, la poudre d'amandes, la levure, le sucre, l'açaï et le sel dans un grand bol.

2. Mélangez le lait ribot avec les œufs. Versez sur les ingrédients secs et mélangez rapidement pour éviter de former des grumeaux.

3. Ajoutez l'huile, les myrtilles et les cranberries hachées et mélangez. Couvrez le récipient et laissez reposer au frais pour au moins 1 h.

4. Faites chauffer une poêle anti-adhésive à feu moyen, beurrez-la légèrement avec une feuille de papier absorbant. Lorsqu'elle est bien chaude, mélangez la pâte et versez-en une première louche en formant un pancake d'environ 8 cm de diamètre. Faites cuire 2 min et retournez pour faire dorer l'autre face. Poursuivez ainsi jusqu'à l'épuisement de la pâte.

5. Servez avec des fruits frais ou du sirop d'érable.

ASTUCE

Choisissez des myrtilles de petite taille pour cuire les pancakes plus facilement.

Tartines de pain complet à l'avocat, citron vert, brousse et coriandre

Pour 2 personnes / 5 min de préparation / 4 min de cuisson

Ingrédients
2 tranches de pain complet
1 avocat
Le jus de 1 citron vert
4 cuil. à soupe de brousse nature
2 cuil. à soupe de coriandre
Fleur de sel
Poivre

Matériel
Grille-pain

1. Faites griller les tranches de pain au grille-pain.

2. Épluchez l'avocat et coupez-le en lamelles et répartissez-les sur les tartines.

3. Ajoutez 1 filet de citron vert et 2 cuil. à soupe de brousse sur chaque tartine et saupoudrez de coriandre fraîche ciselée.

4. Salez, poivrez et dégustez immédiatement.

VARIANTE

Remplacez la brousse par du chèvre frais, la coriandre par de la ciboulette et le citron par un filet de vinaigre balsamique blanc.

Tartines à la purée d'amandes et gelée de framboises

Pour 1 personne / 5 min de préparation / 10 min de repos

Ingrédients

2 tranches de pain complet ou de campagne
2 cuil. à soupe de purée d'amandes
50 g de framboises + quelques unes pour décorer
2 cuil. à café de graines de chia
1 cuil. à café de sirop d'agave

Matériel

Mixeur

1. Lavez les framboises.

2. Mixez les 50 g de framboises avec les graines de chia et le sirop d'agave. Laissez reposer 10 min.

3. Faites griller les tranches de pain et tartinez-les de purée d'amandes. Ajoutez la gelée minute et quelques morceaux de framboises fraîches.

Compote de poire à l'açaï, compote de mangue à l'acérola

Pour 1 personne / 5 min de préparation / 20 min de cuisson

Ingrédients

Pour la compote de poires à l'açaï

2 poires
1 pomme
5 cl d'eau
1 cuil. à café d'açaï

Pour la compote de mangue à l'acérola

1 mangue
1 pomme
5 cl d'eau
1 cuil. à café d'acérola

Matériel

Mixeur

1. Préparez la compote de poires à l'açaï. Épluchez les fruits, ôtez le cœur et coupez-les en morceaux. Placez-les dans une casserole avec l'eau et laissez compoter à feu doux pendant environ 20 min. Mixez ensuite les fruits avec l'açaï pendant 2 min. Laissez refroidir complètement et conservez au réfrigérateur dans un récipient hermétique.

2. Préparez la compote de mangue à l'acérola. Épluchez la mangue et coupez la chair en morceaux. Épluchez la pomme, ôtez le trognon et coupez-la en morceaux. Placez les fruits dans une casserole avec l'eau et laissez compoter à feu doux pendant environ 20 min. Mixez ensuite les fruits avec l'acérola pendant 2 min. Laissez refroidir complètement et conservez au réfrigérateur dans un récipient hermétique.

2. Déjeuner et dîner pleins d'énergie

Sandwichs au pain complet

Pour 2 personnes / 20 min de préparation / 8 min de cuisson

Ingrédients
1 filet de poulet
2 œufs
½ concombre
1 poignée de pousses d'épinards
1 cuil. à soupe de moutarde
5 cuil. à soupe de yaourt à la grecque
4 tranches de pain complet
1 petit filet d'huile d'olive
Sel et poivre

1. Faites cuire le poulet pendant 6 min à la poêle ou au gril avec un filet d'huile d'olive en le retournant à mi-cuisson. Coupez-le en tranches et réservez.

2. Cassez et fouettez les œufs avec 1 pincée de sel et 1 pincée de poivre. Faites chauffer un filet d'huile d'olive dans une petite casserole à feu moyen, versez les œufs et mélangez avec un fouet pour obtenir des œufs brouillés.

3. Lavez le concombre et coupez-le en rondelles très fines. Mélangez la moutarde avec le yaourt à la grecque, salez et poivrez.

4. Tartinez le pain avec la crème à la moutarde, répartissez le poulet, l'œuf et le concombre et refermez les sandwichs.

INFO NUTRION

Pour 1 portion : Calories 676 kcal / Protéines 35 g / Glucides 80 g / Lipides 24g

Tartines de pain noir saumon, œuf poché

Pour 2 personnes / 6 min de préparation / 5 min de cuisson

Ingrédients

¼ de concombre
1 cuil. à soupe de vinaigre blanc
2 œufs
2 tartines de pain noir
2 cuil. à soupe de houmous d'edamame (en épicerie bio)
2 tranches de saumon
1 cuil. à café de paillettes d'algues

1. Lavez le concombre et coupez-le en rondelles.

2. Faites chauffer une casserole d'eau avec le vinaigre. Lorsque l'eau bout, cassez-y le premier œuf pour le pocher (vous pouvez créer un tourbillon dans l'eau et déposer l'œuf au centre du tourbillon afin que le blanc s'enroule autour du jaune). Faites de même avec le second œuf.

3. Toastez les tartines de pain et tartinez-les de houmous, répartissez le concombre, le saumon, l'œuf poché et parsemez d'algues.

INFO NUTRITION

Pour 1 portion : Calories 470 kcal / Protéines 25 g / Glucides 47 g / Lipides 20 g

Wraps californiens poulet-avocat

Pour 2 personnes / 20 min de préparation / 8 min de cuisson

Ingrédients
2 filets de poulet
3 cuil. à soupe de yaourt grec
1 cuil. à café d'herbes séchées mélangées
1 tomate
1 cœur de sucrine
½ citron vert
1 avocat
2 galettes de sarrasin (ou pains pita)
6 brins de coriandre
1 cuil. à soupe d'huile d'olive

1. Faites chauffer une poêle avec l'huile d'olive. Faites griller les filets de poulet pendant 4 min des deux côtés. Salez et poivrez.

2. Pendant ce temps, mélangez le yaourt avec les herbes séchées et une pincée de sel. Lavez la tomate et la sucrine, coupez-les en morceaux. Pressez le citron. Épluchez l'avocat, prélevez la chair, écrasez-la et mélangez au jus de citron avec une pincée de sel.

3. Étalez sur les galettes (vous pouvez les préchauffer si vous le souhaitez) le yaourt grec et l'avocat écrasé. Répartissez ensuite le poulet coupé en morceaux, la tomate, la sucrine et les feuilles de coriandre. Enroulez le wrap et dégustez.

INFO NUTRITION

Pour 1 portion : Calories 514 kcal / Protéines 34 g / Glucides 35 g / Lipides 26 g

Rolls de crudités

Pour 2 personnes / 20 min de préparation

Ingrédients

8 feuilles de riz pour rouleaux de printemps
2 carottes
1 petit fenouil
1 petit concombre
8 radis roses
50 g de chou
½ bouquet de coriandre
100 g de jeunes pousses mélangées

Pour la sauce

1 cuil. à café de sauce soja
1 cuil. à café de beurre de cacahuète
1 cuil. à café de jus de citron vert
Sésame

1. Préparez la sauce : mélangez la sauce soja, le beurre de cacahuète, le jus de citron vert et le sésame avec 3 cuil. à soupe d'eau. Mélangez et laissez reposer.

2. Épluchez les carottes, le fenouil et le concombre, rincez-les si nécessaire et coupez-les en fine julienne. Lavez et émincez les radis, râpez le chou. Rincez et effeuillez la coriandre.

3. Faites tremper une première feuille de riz dans un plat rempli d'eau chaude, posez-la sur une surface propre et lisse, puis déposez la garniture de légumes et des feuilles de coriandre sur un côté. Roulez la feuille de riz sur elle-même en rabattant les côtés pour que la garniture ne s'échappe pas. Procédez ainsi jusqu'à épuisement des feuilles de riz et de la garniture.

4. Lavez et essorez les jeunes pousses. Répartissez dans les assiettes les jeunes pousses et les rouleaux de printemps coupés en deux. Servez avec la sauce.

INFO NUTRITION

Pour 1 portion : Calories 295 kcal / Protéines 7 g / Glucides 51 g / Lipides 7 g

Soupe miso et petits légumes

Pour 2 personnes / 10 min de préparation / 5 min de cuisson

Ingrédients

2 poignées de vermicelles de riz
1 carotte
1 morceau de céleri
2 champignons de Paris
2 ciboules
2 cuil. à soupe de persil
2 cuil. à soupe de pâte de miso
1 cuil. à soupe de gingembre frais râpé
1 cuil. à café de graines de sésame

Matériel

Râpe
Bouilloire
2 bols

1. Faites cuire les vermicelles de riz dans de l'eau bouillante selon les indications du paquet. Réservez.

2. Épluchez la carotte et le céleri et râpez-les finement.

3. Épluchez les champignons et coupez-les en tranches fines.

4. Ciselez les ciboules et le persil.

5. Déposez 1 cuil. à soupe de miso dans chaque bol, ajoutez les fils de légumes, les vermicelles de riz, les ciboules, le persil et le gingembre râpé.

6. Faites bouillir de l'eau dans une bouilloire et versez-la sur la préparation. Laissez reposer 2 min, mélangez puis parsemez de graines de sésame et dégustez.

VARIANTE

Ajoutez de la sauce soja, des cubes de tofu et des paillettes d'algues.

INFO NUTRITION

Le miso est un produit obtenu à partir de soja fermenté. Il se présente généralement sous forme d'une pâte de couleur claire ou brune et permet d'aromatiser les bouillons tout en apportant des probiotiques qui aident la flore intestinale à se régénérer.

Bouillon aux boulettes de poulet et à la citronnelle

Pour 2 personnes / 20 min de préparation / 30 min de cuisson

Ingrédients

Pour le bouillon

1 gousse d'ail
1 carotte
3 bâtons de citronnelle
½ branche de céleri
1 cm de gingembre
½ oignon
1 citron vert non traité
1 cuil. à soupe d'huile d'olive

Pour les boulettes

2 blancs de poulet
30 g de pain rassis
10 cl de lait
1 oignon tige
1 citron vert non traité
½ oeuf
4 brins de coriandre
1 pincée de piment en poudre

Pour la garniture

8 brins de coriandre

1. Préparez le bouillon : lavez l'ail, la carotte, la citronnelle, le céleri, le gingembre et l'oignon. Coupez-les en dés en conservant la peau. Faites chauffer l'huile d'olive dans une casserole et faites-les revenir pendant 2 min à couvert. Prélevez les zestes du citron vert et ajoutez-les, puis versez 1 l d'eau. Couvrez et faites cuire pendant 20 min. Vérifiez l'assaisonnement.

2. Pendant ce temps, coupez le poulet en morceaux. Hachez l'oignon tige et prélevez les zestes du citron vert. Faites tremper le pain avec le lait pendant 5 min puis essorez-le. Déposez-le dans le bol du mixeur avec les blancs de poulet, l'oignon haché, l'œuf, la pincée de piment, les zestes du citron vert, les feuilles de coriandre et 1 pincée de sel. Mixez jusqu'à obtenir une pâte.

3. Formez des boulettes de la taille d'une noix (25 g chacune environ) et pochez-les dans le bouillon pendant 5 min. Égouttez-les et déposez-les dans 2 bols avec les feuilles de coriandre, puis filtrez le bouillon et versez-le sur les boulettes.

INFO NUTRITION

Pour 1 portion : Calories 400 kcal / Protéines 31 g / Glucides 39 g / Lipides 14 g

Soupe de chou-fleur et lentilles au curry

Pour 2 personnes / 10 min de préparation / 10 min de cuisson

Ingrédients
½ chou-fleur
1 gousse d'ail
1 oignon jaune
1 cuil. à café de curry
1 poignée de lentilles corail
15 cl de boisson végétale au soja
1 cuil. à soupe de noix de cajou
2 dattes
1 filet d'huile d'olive
Sel et poivre

Matériel
Mixeur

1. Lavez le chou-fleur et coupez-le en morceaux.

2. Épluchez l'ail et l'oignon et faites-les revenir doucement avec l'huile d'olive pendant 2 min. Ajoutez le chou-fleur et poursuivez la cuisson 3 min. Ajoutez le curry, les lentilles corail, versez la boisson végétale et couvrez d'eau à hauteur. Faites cuire pendant 20 min.

3. Concassez les noix de cajou et hachez finement les dattes, réservez.

4. Assaisonnez et mixez pendant 5 min pour obtenir une soupe très veloutée. Servez avec les noix de cajou et les dattes hachées.

INFO NUTRITION

Pour 1 portion : Calories 335 kcal / Protéines 19 g / Glucides 41 g / Lipides 10,5 g

Soupe de carottes et patate douce

Pour 2 personnes / 10 minutes de préparation / 25 min de cuisson

Ingrédients

1 oignon rouge
1 gousse d'ail
3 carottes
1 petite patate douce
1 racine de curcuma frais (ou 1 cuil. à café bombée de curcuma en poudre)
100 g de haricots blancs en boîte
1 cuil. à soupe d'huile de coco
Sel et poivre

Matériel

Mixeur

1. Épluchez l'oignon et l'ail et hachez-les. Épluchez les carottes et la patate douce, coupez-les en petits morceaux. Lavez la racine de curcuma et coupez-la également en petits morceaux (attention, le curcuma tache beaucoup).

2. Faites chauffer l'huile de coco dans une casserole et faites revenir l'oignon, le curcuma et l'ail pendant 2 min. Ajoutez les carottes, la patate douce et poursuivez la cuisson pendant 3 min. Ajoutez de l'eau à hauteur et poursuivez la cuisson pendant 20 min. Environ 2 min avant la fin, égouttez les haricots et ajoutez-les à la soupe.

3. Mixez la soupe, vérifiez l'assaisonnement et servez aussitôt.

INFO NUTRITION

Pour 1 portion : Calories 427 kcal / Protéines 14,5 g / Glucides 78 g / Lipides 6 g

Salade de saumon, mâche et pâtes complètes

Pour 4 personnes / 10 min de préparation / 12 min de cuisson

Ingrédients
300 g de pâte torsades complètes
1 courgette
Feuilles de mâche
2 cœurs de filet de saumon frais
1 citron
1 yaourt nature
Basilic frais
1 cuil. à soupe d'huile d'olive
Sel, poivre

Matériel
1 casserole
1 poêle
1 saladier

1. Faites cuire dans une casserole les torsades complètes *al dente* selon le temps indiqué sur le paquet.

2. Pendant ce temps, lavez et enlevez les extrémités de la courgette. Découpez-la en petits morceaux. Lavez les feuilles de mâche et égouttez-les.

3. Égouttez les pâtes et passez-les sous un filet d'eau froide pour les refroidir.

4. Dans une poêle, faites revenir les dés de courgettes dans l'huile d'olive. Découpez le saumon en petits morceaux et ajoutez-les dans la poêle aux courgettes. Laissez revenir pendant quelques minutes.

5. Dans un bol, pressez le citron et fouettez le jus avec le yaourt nature, du sel et du poivre. Dans un saladier, mettez les pâtes, la courgette et le saumon. Ajoutez les feuilles de mâche. Versez la sauce au yaourt et ciselez les feuilles de basilic dessus.

6. Dégustez.

INFO NUTRITION

Privilégiez les féculents complets qui permettent de compléter vos apports en fibres. Les fibres favorisent la satiété et un meilleur transit.

Salade de blanc de poulet, haricots verts, mâche et vinaigrette miso

Pour 2 personnes / 10 min de préparation / 25 min de cuisson

Ingrédients

1 pincée de gros sel
1 branche de romarin
2 blancs de poulet fermier
2 belles poignées de haricots verts
1 cuil. à café de pâte de miso
1 cuil. à soupe d'eau
2 cuil. à soupe de vinaigre de riz
1 filet de miel
3 cuil. à soupe d'huile de colza
100 g de mâche
2 cuil. à soupe de noix de cajou grossièrement concassées

Matériel

Cuiseur vapeur

1. Remplissez la partie basse du cuiseur vapeur avec un peu d'eau puis ajoutez le gros sel et le romarin.

2. Enlevez le gras du poulet et placez-le dans un cuiseur vapeur. Faites cuire 12 à 15 min. Le poulet ne doit pas être rosé mais bien cuit. Réservez.

3. Faites cuire les haricots verts 10 min environ. Ils doivent rester un peu fermes.

4. Mettez la pâte de miso dans un bol et détendez-la avec l'eau à l'aide d'une fourchette. Ajoutez le vinaigre de riz, le miel et l'huile de colza. Émulsionnez bien.

5. Coupez les filets de poulet en morceaux. Déposez dans deux assiettes les haricots verts, la mâche et le poulet. Mélangez si vous le souhaitez.

6. Ajoutez la vinaigrette de miso et parsemez de noix de cajou. Dégustez tiède.

VARIANTES

Faites griller le poulet cuit dans un peu d'huile de sésame.
Ajoutez 1 cuil. à soupe de gingembre râpé dans la vinaigrette au miso.

Salade de haricots verts, tartines à la sardine

Pour 2 personnes / 15 min de préparation / 10 min de cuisson

Ingrédients

300 g de haricots verts
6 brins de persil
1 cuil. à soupe d'huile d'olive
1 cuil. à soupe de purée d'amandes complètes
1 cuil. à soupe de vinaigre de cidre
2 tranches de pain complet
4 cuil. à soupe de cottage cheese
1 boîte de sardines
½ citron jaune
1 poignée d'amandes concassées
Sel et poivre

Matériel

Mixeur

1. Lavez les haricots, équeutez-les et faites-les cuire pendant 10 min à la vapeur.

2. Pendant ce temps, mixez les feuilles de persil avec l'huile d'olive, la purée d'amandes et le vinaigre de cidre. Salez et poivrez. Ajoutez un petit peu d'eau pour diluer la sauce.

3. Pendant la cuisson des haricots, faites également griller les tranches de pain. Mélangez le *cottage cheese* avec la chair des sardines égouttées. Pressez le citron, arrosez le mélange fromage-sardines et mélangez.

4. Étalez la préparation sur le pain. Servez avec les haricots, les amandes concassées et la sauce.

INFO NUTRITION

Pour 1 portion : Calories 561 kcal / Protéines 31 g / Glucides 44 g / Lipides 29 g

Salade de petit épeautre, dattes et potimarron

Pour 4 personnes / 15 min de préparation / 50 min de cuisson

Ingrédients

200 g de petit épeautre
12 dattes Medjool
1 potimarron d'environ 1 kg
1 cuil. à soupe de graines de courge
1 cuil. à café de paprika
1 cuil. à café de curcuma
Le jus de ½ citron
5 cuil. à soupe d'huile d'olive
Sel et poivre

1. Préchauffez le four à 220 °C (th. 7- 8). Lavez le potimarron et ôtez-en les graines. Coupez-le en morceaux de la taille d'une bouchée et placez-les sur une plaque de four avec les graines de courge. Arrosez de 2 cuil. à soupe d'huile d'olive, parsemez de paprika et de curcuma, salez et poivrez. Mélangez bien et enfournez pour environ 20 min jusqu'à ce que le potimarron soit tendre. Réservez.

2. Placez le petit épeautre dans une casserole avec 2,5 fois son volume d'eau salée, portez à ébullition et laissez cuire environ 30 min jusqu'à ce que toute l'eau se soit évaporée et que le petit épeautre soit tendre. Laissez refroidir.

3. Ôtez le noyau des dattes Medjool et coupez-les en morceaux. Ajoutez-les au petit épeautre refroidi ainsi que les morceaux de potimarron rôti. Arrosez de l'huile d'olive restante et du jus de citron. Mélangez bien et servez tiède ou froid.

Markal

Huevos rancheros

Pour 1 personne / 20 min de préparation / 10 min de cuisson

Ingrédients

1 œuf extra-frais
2 tomates
1 gousse d'ail
1 cuil. à café de sucre de coco
1 cuil. à soupe de vinaigre balsamique blanc
1 pincée de piment
2 cuil à soupe de pois chiches cuits
1 tortilla
1 poignée de graines germées
2 cuil. à soupe d'huile d'olive
Sel et poivre

Pour le guacamole

1 petite échalote
½ avocat
½ citron vert
2 brins de coriandre
Quelques gouttes de piment

1. Lavez les tomates et coupez-les en morceaux.

2. Faites chauffer 2 cuil. à soupe d'huile d'olive dans une poêle, ajoutez les tomates et l'ail écrasé. Faites revenir à feu vif pendant 5 min puis ajoutez le sucre de coco, le vinaigre balsamique et le piment. Mélangez bien, assaisonnez et ajoutez les pois chiches.

3. Épluchez l'échalote et hachez-la. Coupez la chair de l'avocat en morceaux, mélangez-la avec l'échalote, le jus de citron et la coriandre hachée. Salez, poivrez et assaisonnez avec le piment.

4. Faites chauffer le reste d'huile d'olive dans une poêle et faites cuire l'œuf au plat.

5. Réchauffez la tortilla dans une poêle, déposez par-dessus l'œuf au plat, le guacamole, les tomates concassées aux pois chiches et les graines germées.

Galettes de sarrasin œufs, fromage et courgettes

Pour 2 personnes / 25 min de préparation / 5 min de cuisson / 1 nuit de repos

Ingrédients

Pour les galettes (8 environ)

150 g de farine de sarrasin
3 g de sel
35 cl d'eau
2,5 cl d'huile de colza
1 œuf

Pour la garniture

½ courgette
40 g de beaufort
2 œufs
1 poignée de graines germées
1,5 cuil. à café de moutarde
1,5 cuil. à café d'huile d'olive
1 pincée de fleur de sel
1 pincée de poivre

Matériel

Blender

1. La veille, préparez la pâte à galette. Déposez la farine et le sel dans le bol du blender. Ajoutez l'eau, les œufs, l'huile et mixez. Laissez reposer au frais toute une nuit.

2. Si la pâte semble trop compacte, ajoutez un peu d'eau pour la détendre. Faites chauffer une crêpière et versez-y une louche de pâte, étalez-la et faites-la cuire 2 min. Retournez-la et poursuivez la cuisson quelques minutes de l'autre côté. Faites de même avec le reste de la pâte. Vous pouvez conserver les galettes supplémentaires au frais dans du film alimentaire ou les congeler. Gardez 2 galettes au chaud sous un torchon. Sinon, faites-les réchauffer à la poêle à la dernière minute.

3. Lavez la demi-courgette et taillez-la en tagliatelles à l'aide d'un économe. Formez des copeaux de beaufort.

4. Huilez légèrement une poêle et faites cuire les 2 œufs au plat. Salez légèrement et poivrez.

5. Servez les galettes chaudes, tartinées de moutarde avec 1 œuf au plat chacune, la courgette, les graines germées et les copeaux de fromage. Arrosez d'un petit filet d'huile d'olive.

INFO NUTRITION

Pour 1 galette : Calories 364 kcal / Protéines 16 g / Glucides 16,5 g / Lipides 26 g

Blé poêlé au citron, estragon, fèves et brocolis

Pour 4 personnes / 5 min de préparation / 10 min de cuisson

Ingrédients
1 citron non traité
25 g de beurre
400 g de blé cuit
1 cuil. à soupe d'estragon
400 g de brocolis cuits et fermes
200 g de fèves cuites et pelées
Sel, poivre

1. Prélevez le zeste du citron et coupez-le en fine julienne.

2. Faites fondre le beurre dans une poêle, faites sauter le blé avec la julienne de citron pendant 5 min, puis ajoutez les feuilles d'estragon, les brocolis et les fèves. Poursuivez la cuisson pendant 2 ou 3 min. Rectifiez l'assaisonnement et servez aussitôt.

Boulgour de raisins secs, pistaches et amandes

Pour 2 personnes / 10 min de préparation / 10 min de cuisson

Ingrédients

30 g de raisins secs
90 g de boulgour
30 g de pistaches non salées
30 g d'amandes
3 cuil. à soupe de jus de citron
3 cuil. à soupe de miel liquide
1 cuil. à café d'eau de fleur d'oranger
1 feuille de menthe

1. Réhydratez les raisins secs dans un bol d'eau bouillante le temps de préparer la recette.

2. Faites cuire le boulgour selon les indications du paquet dans une casserole d'eau bouillante. Passez-le sous l'eau froide et laissez bien égoutter.

3. Hachez au couteau les pistaches et les amandes.

4. Versez le jus de citron, le miel et l'eau de fleur d'oranger dans un bol. Mélangez au fouet.

5. Mélangez le boulgour froid, les pistaches, les amandes et les raisins égouttés dans un saladier. Ajoutez la préparation au miel et mélangez de nouveau.

6. Ciselez finement la feuille de menthe et ajoutez-la à la préparation. Mélangez et dégustez froid. Sucrez plus si nécessaire.

VARIANTE

Remplacez le jus de citron par du jus d'orange et ajoutez 4 cuil. à soupe de grains de grenade.

Blettes sautées, boulgour et pois chiches au curry

Pour 2 personnes / 20 min de préparation / 20 min de cuisson

Ingrédients

120 g de boulgour
4 feuilles de blettes
1 oignon jaune
1 cuil. à soupe de pâte de curry
100 g de pois chiches égouttés
10 cl de préparation cuisine au soja
¼ de concombre
1 gousse d'ail
4 brins de coriandre
2 cuil. à soupe d'huile d'olive
Sel et poivre

1. Faites cuire le boulgour comme indiqué sur le paquet.

2. Lavez les feuilles de blettes et hachez-les. Épluchez l'oignon et émincez-le. Faites chauffer 1 cuil. à soupe d'huile d'olive dans une petite casserole et faites revenir l'oignon jusqu'à ce qu'il soit tendre. Ajoutez la pâte de curry et les pois chiches, puis la préparation cuisine au soja et laissez cuire 5 min. Assaisonnez et réservez au chaud. Lavez le concombre et coupez-le en rondelles.

3. Faites chauffer l'autre cuil. à soupe d'huile dans une poêle et faites cuire les blettes à couvert pendant 8 min. Assaisonnez.

4. Servez les blettes avec le boulgour et les pois chiches au curry, parsemés de la coriandre hachée.

INFO NUTRITION

Pour 1 portion : Calories 461 kcal / Protéines 14 g / Glucides 51 g / Lipides 23 g

Boulgour aux herbes façon taboulé libanais

Pour 2 personnes / 10 min de préparation / 5 à 8 min de cuisson / 2 h de repos

Ingrédients

40 g de boulgour
4 cuil. à soupe de persil plat
2 cuil. à soupe de ciboulette
2 cuil. à soupe de basilic
1 cuil. à soupe de menthe
1 tomate
1 petit oignon rouge
1 citron
Huile d'olive
Sel, poivre

Matériel

Presse-agrumes

1. Faites cuire le boulgour selon les indications du paquet. Passez-le sous l'eau froide et réservez.

2. Hachez au couteau très finement le persil plat, la ciboulette, le basilic et la menthe.

3. Passez la tomate sous l'eau bouillante. Épluchez-la, épépinez-la puis coupez-la en petits morceaux.

4. Épluchez et hachez l'oignon rouge.

5. Mettez le tout dans un saladier puis versez sur la préparation le jus du citron pressé et un filet d'huile d'olive.

6. Mélangez, goûtez et rectifiez l'assaisonnement. Salez et poivrez si nécessaire.

7. Laissez reposer 2 h au frais avant de servir.

VARIANTES

Ajoutez des raisins secs ou des pois chiches.

INFO NUTRITION

Les herbes fraîches utilisées pour cette recette (menthe, basilic, persil et ciboulette) permettent de faciliter la digestion. Vous pouvez utiliser un boulgour de petit épeautre pour cette recette, moins riche en gluten et plus digeste que le boulgour de blé.

Quinoa et lentilles vertes, fenouil et carottes aux agrumes

Pour 2 personnes / 25 min de préparation / 25 min de cuisson

Ingrédients
4 carottes
1 orange non traitée
1 citron non traité
120 g de quinoa
60 g de lentilles vertes
½ fenouil
2 poignées de feuilles d'épinards
1 cuil. à café de graines mélangées
2 cuil. à soupe d'huile d'olive
Sel et poivre

1. Préchauffez le four à 190 °C (th. 6-7). Lavez les carottes, coupez-les en deux dans la longueur, déposez-les sur la plaque du four.

2. Lavez et zestez l'orange et le citron. Pressez-les et ajoutez dans le jus 1 cuil. à soupe d'huile d'olive. Badigeonnez les carottes de ce mélange avec un pinceau (conservez le reste). Salez, poivrez et enfournez pour 25 min de cuisson.

3. Pendant ce temps, faites cuire le quinoa et les lentilles séparément, comme indiqué sur leurs paquets respectifs. Lavez et émincez finement le fenouil. Rincez les épinards.

4. Lorsque le quinoa et les lentilles sont cuits, répartissez-les dans 2 bols ou 2 assiettes, ajoutez le fenouil émincé, les feuilles d'épinards et les carottes. Ajoutez la dernière cuillerée d'huile d'olive à la sauce restante et arrosez les légumes. Servez aussitôt avec les zestes et les graines.

INFO NUTRITION

Pour 1 portion : Calories 564 kcal / Protéines 21 g / Glucides 84,5 g / Lipides 16 g

Quinotto au poulet et graines de courge

Pour 4 personnes / 30 min de préparation / 40 min de cuisson

Ingrédients
400 g de quinoa
250 g d'aiguillettes de poulet
200 g de champignons
2 échalotes
2 gousses d'ail
20 cl de vin blanc sec
80 cl de bouillon de légumes
15 cl de lait de coco
1 cuil. à soupe de graines de courge
1 petit bouquet de basilic
20 g de parmesan
1 cuil. à soupe d'huile d'olive

1. Coupez les champignons en lamelles et faites-les revenir pendant 10 min dans une poêle. Réservez.

2. Émincez les échalotes et faites-les revenir dans une sauteuse dans l'huile d'olive avec les gousses d'ail pressées. Ajoutez les aiguillettes de poulet coupées en morceaux, laissez-les dorer puis versez le quinoa. Arrosez de vin blanc.

3. Quand le quinoa a tout absorbé, versez une louche de bouillon de légumes. Procédez ainsi louche par louche jusqu'à ce que le quinoa soit cuit. Goûtez pour vérifier la cuisson.

4. À la fin de la cuisson, versez le lait de coco et mélangez bien. Ajoutez les champignons réservés précédemment, les graines de courge et le basilic ciselé. Parsemez de parmesan selon votre goût et dégustez immédiatement.

VARIANTE

Pour une version végétarienne, supprimez les aiguillettes de poulet et doublez la quantité de champignons.

Taboulé grenade, chou rouge et framboises

Pour 2 personnes / 25 min de préparation / 30 min de cuisson

Ingrédients

50 g de pois cassés
100 g de couscous
1 branche de céleri
½ grenade
1 citron
1 poignée de chou rouge râpé
125 g de framboises

Pour la vinaigrette

1 cuil. à soupe d'huile d'olive
4 cuil. à soupe de jus de grenade
1 cuil. à café de vinaigre balsamique blanc

1. La veille, faites tremper les pois cassés dans un bol d'eau.

2. Le jour même, faites cuire les pois cassés dans une casserole d'eau selon le temps indiqué sur le paquet. Préparez le couscous comme indiqué sur le paquet. Lavez la branche de céleri et hachez-la. Égrainez la grenade. Pressez le citron.

3. Préparez la vinaigrette : mélangez le jus de grenade avec l'huile et le vinaigre. Salez légèrement et poivrez.

4. Mélangez les pois cassés, le céleri, la grenade, le chou râpé et les framboises, puis ajoutez le jus de citron. Servez avec la vinaigrette.

INFO NUTRITION

Pour 1 portion : Calories 274 kcal / Protéines 9,5 g / Glucides 41 g / Lipides 8 g

Poêlée de sarrasin, gingembre, courgettes et tofu

Pour 4 personnes / 10 min de préparation / 40 min de cuisson

Ingrédients

150 g de sarrasin grillé (kasha)
2 petites courgettes
125 g de tofu ferme
3 cm de gingembre frais
Huile
Sel, poivre

1. Dans une casserole, placez le sarrasin dans deux fois son volume d'eau salée et faites cuire à couvert, pendant environ 15 min, jusqu'à absorption complète du liquide.

2. Coupez les courgettes en petits morceaux et le tofu en petits cubes ; épluchez le gingembre et coupez-le en fines lamelles. Versez ces ingrédients dans une sauteuse chaude légèrement huilée. Faites cuire à feu vif une quinzaine de minutes, jusqu'à ce que les courgettes et le tofu soient dorés. Ajoutez alors le sarrasin préalablement cuit. Salez et poivrez selon votre goût, et servez chaud.

Curry de lentilles au riz frit

Pour 4 personnes / 20 min de préparation / 45 min de cuisson

Ingrédients
1 oignon
2 cuil. à café de graines de coriandre
1 cuil. à café de graines de cumin
1 pincée de grains de poivre noir
1 cuil. à soupe de curry
4 capsules de cardamome + 2 pour le riz
10 cl de lait de coco
1 cuil. à café d'huile
150 g de lentilles vertes
100 g de riz basmati
8 brins de coriandre
Sel

Matériel
Mixeur

1. Mixez longuement l'oignon avec les épices, 1 pincée de sel et 4 cuil. à soupe de lait de coco. Rincez puis égouttez les lentilles.

2. Faites cuire l'huile dans une sauteuse. Faites revenir la pâte de curry pendant 5 min puis ajoutez les lentilles. Mélangez bien puis recouvrez largement d'eau (2 à 3 cm au-dessus des lentilles). Portez à ébullition et laissez frémir à moitié couvert pendant 40 à 45 min. Salez les lentilles aux deux tiers de la cuisson.

3. En même temps, faites cuire le riz en suivant les indications portées sur le paquet. Égouttez-le, séchez-le soigneusement, puis faites-le frire rapidement (le riz doit être à peine croquant). Salez-le légèrement et parsemez-le de graines de cardamome concassées.

4. Répartissez les lentilles dans les assiettes de service, arrosez du restant de lait de coco réchauffé, parsemez de coriandre hachée puis de riz. Servez immédiatement.

Riz sauté aux épinards et aux cacahuètes

Pour 4 personnes / 10 min de préparation / 55 min de cuisson

Ingrédients
200 g de riz complet
1 oignon
2 poivrons cornus rouges
6 cuil. à soupe de cacahuètes salées
1 cuil. à soupe de graines de coriandre
6 cl d'huile
1 cuil. à soupe de garam massala
150 g de jeunes pousses d'épinards
Sel

1. Faites cuire le riz en suivant les indications portées sur le paquet.

2. Pelez et ciselez l'oignon. Retirez les graines des poivrons, puis émincez-les.

3. Faites griller les cacahuètes et les graines de coriandre concassées dans une poêle à sec.

4. Versez l'huile dans une grande poêle, sur 2 mm d'épaisseur. Quand elle est bien chaude, faites sauter le riz égoutté avec le *garam massala*, l'oignon émincé et les poivrons. Salez en début de cuisson. Ajoutez les épinards en toute fin de cuisson. Salez et arrêtez la cuisson dès que les épinards commencent à flétrir.

5. Parsemez de cacahuètes et servez immédiatement.

INFO NUTRITION

Le riz complet est plus riche en fibres et en minéraux (manganèse, potassium) que le riz blanc et son index glycémique (50) est plus faible que celui du riz blanc (75).

Riz complet, œuf poché et légumes verts

Pour 1 personne / 25 min de préparation / 17 min de cuisson

Ingrédients

50 g de riz complet
1 poignée de petits pois écossés
1 cuil. à soupe de vinaigre blanc
1 œuf extra frais
1 poignée de jeunes pousses d'épinards
2 mini-courgettes
1 cuil. à café de purée de graines de tournesols
1 cuil. à café de vinaigre de cidre
1 cuil. à café de moutarde
2 cuil. à soupe d'huile d'olive
½ avocat
½ citron vert
2 brins de cerfeuil
1 poignée de graines germées d'alfalfa
1 cuil. à café de graines mélangées
Sel et poivre

1. Faites cuire le riz pendant 12 min (selon les indications de cuisson du paquet) et faites cuire les petits pois dans une casserole d'eau bouillante pendant 5 min. Égouttez-les séparément.

2. Remplissez une casserole d'eau et faites bouillir avec le vinaigre blanc. Formez un tourbillon au centre de la casserole et plongez l'œuf dedans ; à l'aide de deux cuillères à soupe, pincez le blanc d'œuf pour refermer l'œuf poché.

3. Lavez les épinards et essorez-les. Lavez les courgettes et émincez-les avec un économe.

4. Préparez la vinaigrette en mélangeant la purée de graines avec le vinaigre de cidre, la moutarde et l'huile d'olive. Salez et poivrez.

5. Coupez l'avocat en lamelles et arrosez-le de jus de citron. Mélangez les petits pois, les épinards, les courgettes émincées, l'avocat et la vinaigrette.

6. Servez le riz mélangé avec le cerfeuil, l'œuf poché, les légumes et les graines d'alfalfa. Parsemez de graines.

Risotto au brocoli et à la spiruline

Pour 4 personnes / 15 min de préparation / 30 min de cuisson

Ingrédients
300 g de riz rond
Un bouquet de brocoli (environ 250 g)
1 oignon
3 cuil. à soupe d'huile d'olive
1,25 l de bouillon de légumes
10 cl de vin blanc sec
30 g de parmesan + un peu pour servir
2 cuil. à café de spiruline
Sel, poivre

1. Découpez le brocoli pour n'en garder que les fleurettes. Dans une casserole, faites revenir les fleurettes de brocoli dans 1 cuil. à soupe d'huile d'olive. Ajoutez environ 30 cl de bouillon de légumes et faites cuire à feu doux, pendant environ 10 min, jusqu'à ce que le brocoli soit tendre. Réservez.

2. Versez le restant d'huile d'olive dans une sauteuse et faites-y revenir l'oignon à feu vif pendant quelques minutes. Ajoutez le riz en mélangeant bien pour enrober les grains. Salez, poivrez.

3. Lorsque le riz est translucide, ajoutez le vin blanc, remuez et versez une louche de bouillon. Quand le riz a tout absorbé, versez une deuxième louche de bouillon. Procédez ainsi, louche par louche, jusqu'à ce que le riz soit cuit. Goûtez pour vérifier.

4. À la fin de la cuisson, ajoutez le parmesan râpé et mélangez bien. Ajoutez les brocolis réservés précédemment ainsi que la spiruline. Servez immédiatement. Chacun pourra saupoudrer le risotto de parmesan dans son assiette, selon son goût.

INFO NUTRITION

La spiruline ne contient pas de vitamine C. En revanche, le brocoli en est bien fourni (80 mg aux 100 g). Évitez de stocker ce dernier trop longtemps dans le réfrigérateur, la vitamine C se détruit à l'entreposage.

Bol de riz complet aux légumes

Pour 2 personnes / 20 min de préparation / 25 min de cuisson

Ingrédients

1 betterave crue
½ potimarron
½ citron
4 brins de basilic
1 cuil. à soupe d'huile d'olive
1 cuil. à soupe de purée de noix de cajou
160 g de riz complet
1 petite boîte de haricots rouges
1 poignée de roquette
2 cuil. à soupe de cottage cheese
1 cuil. à soupe de pignons de pin
Sel et poivre

1. Préchauffez le four à 190 °C (th. 6-7).

2. Lavez les légumes. Épluchez la betterave et coupez-la en morceaux ainsi que le potimarron.

3. Pressez le citron. Hachez les feuilles de basilic et mélangez-les avec l'huile d'olive, le jus de citron et la purée de noix de cajou. Badigeonnez les morceaux de légumes de cette préparation, salez, poivrez et enfournez pour 25 min de cuisson.

4. Pendant ce temps, faites cuire le riz complet selon le temps indiqué sur le paquet. Réchauffez les haricots rouges puis égouttez-les.

5. Répartissez le riz dans deux bols, ajoutez les légumes dorés, les haricots rouges, la roquette et le *cottage cheese*. Parsemez de pignons de pin et servez aussitôt.

INFO NUTRITION

Pour 1 portion : Calories 745 kcal / Protéines 25 g / Glucides 105 g / Lipides 25 g

Wok de nouilles de riz au poulet

Pour 2 personnes / 25 min de préparation / 20 min de cuisson

Ingrédients
½ chou chinois
160 g de nouilles de riz plates (au rayon asiatique de votre supermarché)
2 filets de poulet
1 cm de gingembre (ou 1 cuil. à café de gingembre en poudre)
4 brins de ciboulette (ou vert d'oignon)
2 cuil. à soupe de sauce soja claire
1 poignée de cacahuètes non salées
1 poignée de pousses de soja
1 cuil. à soupe d'huile de sésame
1 cuil. à soupe d'huile de tournesol

Matériel
Wok ou sauteuse

1. Lavez le chou.
2. Faites cuire les nouilles comme indiqué sur le paquet.
3. Coupez le poulet en morceaux. Épluchez et hachez le gingembre. Hachez la ciboulette et le chou.
4. Faites chauffer l'huile dans un wok (ou une sauteuse) et faites revenir le poulet avec le gingembre. Lorsque la viande commence à dorer, ajoutez la sauce soja et poursuivez la cuisson quelques minutes. Ajoutez les cacahuètes, le chou, les pousses de soja, la ciboulette et l'huile de sésame et faites sauter 2 min.
5. Ajoutez enfin les nouilles, laissez cuire quelques minutes et mélangez bien.

INFO NUTRITION

Pour 1 portion : Calories 618 kcal / Protéines 39 g / Glucides 74 g / Lipides 19 g

Spaghettis au pesto de spiruline et d'amandes

Pour 4 personnes / 10 min de préparation / 10 min de cuisson

Ingrédients
350 g de spaghettis
60 g d'amandes entières
7 cl d'huile d'olive
Un bouquet de basilic
20 g de parmesan
2 cuil. à café de spiruline en poudre

Matériel
Mixeur

1. Dans le mixeur, broyez les amandes jusqu'à l'obtention d'une poudre fine. Ajoutez les feuilles de basilic ciselées et le parmesan râpé, et mixez de nouveau. Versez l'huile d'olive tout en continuant de mixer de façon à obtenir un beau pesto. Ajoutez alors la spiruline en poudre et mélangez bien.

2. Faites cuire les spaghettis *al dente* comme indiqué sur l'emballage et ajoutez-y le pesto à la spiruline. Servez aussitôt.

INFO NUTRITION

Pour profiter de tous les bienfaits de la spiruline, consommez-la crue (évitez de la faire cuire ou chauffer).

Pâtes d'épeautre au pesto de menthe, coriandre et persil

Pour 2 personnes / 10 min de préparation / 10 min de cuisson

Ingrédients

50 g de mélange de menthe, coriandre et persil
40 g de pistaches non salées
15 g de fromage pecorino + 1 morceau en plus
3 cuil. à soupe d'huile d'olive
200 g de pâtes d'épeautre
1 pincée de gros sel
1 poignée de roquette

Matériel

Mixeur

1. Commencez par préparer le pesto : mettez le mélange d'herbes dans le mixeur. Ajoutez les pistaches et le fromage. Mixez puis versez l'huile d'olive au fur et à mesure jusqu'à obtenir une belle consistance de pesto.

2. Faites chauffer une grande casserole d'eau avec une pincée de gros sel. À ébullition, ajoutez les pâtes et faites-les cuire selon les indications du paquet. Égouttez-les.

3. Placez les pâtes dans un plat et ajoutez le pesto. Parsemez de quelques lamelles de pecorino et de roquette. Servez immédiatement.

VARIANTES

Pour un pesto frais ajoutez 2 feuilles de menthe. Remplacez les pistaches par des pignons.

INFO NUTRITION

L'épeautre est une variété ancienne de blé plus digeste. Par ailleurs, ses fibres agissent comme prébiotiques sur la flore intestinale en favorisant la croissance et l'activité des bactéries lactiques qui participent à notre équilibre digestif.

Spaghettis de quinoa et spaghettis de légumes

Pour 2 personnes / 10 min de préparation / 15 min de cuisson

Ingrédients

1 carotte
1 courgette
1 panais
1 betterave
200 g de spaghettis de quinoa
1 pincée de gros sel
1 filet d'huile d'olive
1 pincée de sel
1 pincée de poivre
2 cuil. à soupe de pecorino râpé

Matériel

Râpe ou mandoline

1. Épluchez les légumes et détaillez-les en fils à la mandoline ou à la râpe. Faites-les cuire 3 à 5 min dans de l'eau bouillante, égouttez-les et déposez-les dans le fond d'un saladier.

2. Faites bouillir une casserole d'eau salée. Ajoutez les spaghettis et laissez cuire selon les indications du paquet. Égouttez les spaghettis et versez-les sur les légumes. Mélangez rapidement et couvrez.

3. Laissez infuser 5 min pour que les légumes soient saisis. Ajoutez un filet d'huile d'olive, salez, poivrez et dégustez immédiatement accompagné de pecorino.

VARIANTES

Ajoutez des herbes : persil, thym frais ou basilic. Remplacez le pecorino par du chèvre frais qui fondra dans la préparation.

Penne au pesto de graines germées

Pour 4 personnes / 10 min de préparation / 10 min de cuisson

Ingrédients
350 g de penne
50 g de cerneaux de noix
60 g de graines d'alfalfa germées
Le jus de ½ citron
50 g de parmesan
3 cuil. à soupe d'huile d'olive
Sel, poivre

Matériel
Mixeur

1. Mixez ensemble les noix, les graines germées et le jus de citron jusqu'à l'obtention d'une purée épaisse. Ajoutez le parmesan râpé et arrosez d'huile d'olive. Salez, poivrez et mélangez bien.

2. Faites cuire les pâtes *al dente* comme indiqué sur l'emballage et ajoutez-y le pesto de graines germées. Servez chaud.

INFO NUTRITION

Les graines germées d'alfalfa (ou luzerne) sont riches en saponine, un composé capable de réduire le taux de cholestérol sanguin. Elles contiennent également de nombreux minéraux (calcium, magnésium, potassium, fer...) et vitamines (A, C, D, E et vitamines du groupe B).

Nouilles soba aux crevettes et pak choy

Pour 2 personnes / 25 min de préparation / 20 min de cuisson

Ingrédients

100 g de nouilles soba au sarrasin (en épicerie bio ou asiatique)
3 pak choy
50 g d'edamame (surgelés)
2 oeufs
1 cuil. à café de sauce soja
300 g de crevettes fraîches
4 brins de ciboulette (ou vert d'oignons)
1 cuil. à soupe d'huile de tournesol
1 cuil. à soupe d'huile de sésame
1 cuil. à café de sésame

Matériel

Wok ou sauteuse

1. Nettoyez les pak choy et faites-les cuire pendant 10 min à la vapeur. Ajoutez les edamame 3 min avant la fin de la cuisson.

2. Faites cuire les nouilles comme indiqué sur le paquet.

3. Cassez les œufs et fouettez-les avec la sauce soja.

4. Faites chauffer l'huile de tournesol dans un wok ou une sauteuse et faites cuire les œufs en les fouettant pour obtenir des œufs brouillés bien cuits. Réservez. Faites chauffer l'huile de sésame dans le wok et faites revenir les crevettes décortiquées avec la ciboulette. Ajoutez ensuite le pak choy, les edamame, l'omelette et les pâtes. Faites sauter pendant 2 min, puis servez parsemé de sésame.

INFO NUTRITION

Pour 1 portion : Calories 529 kcal / Protéines 40 g / Glucides 44 g / Lipides 21,5 g

Falafels de butternut

Pour 2 personnes / 30 min de préparation / 40 min de cuisson

Ingrédients

Pour les falafels

100 g de sarrasin
300 g de butternut
½ oignon rouge
265 g de pois chiches en conserve (une petite boîte, égouttés)
1 cuil. à soupe de sauce tomate
1 gros oeuf
1 cuil. à café de paprika
1 cuil. à soupe de purée de sésame
4 brins de persil
100 g de chapelure
¼ de grenade
4 brins de cerfeuil
Sel et poivre

Pour le coleslaw

2 carottes
100 g de chou blanc
1 cuil. à soupe de vinaigre balsamique blanc (ou vinaigre de cidre)
3 cuil. à soupe de fromage blanc
1 cuil. à café de sésame
1 cuil. à soupe de raisins

Matériel

Mixeur

1. Préparez le coleslaw. Lavez, épluchez les carottes et râpez-les finement ainsi que le chou. Mélangez-les au vinaigre, salez, poivrez puis ajoutez le fromage blanc, le sésame et les raisins. Mélangez bien, vérifiez l'assaisonnement et réservez au frais.

2. Préparez les falafels. Faites cuire le sarrasin selon le temps indiqué sur le paquet. Égouttez-le bien et réservez.

3. Épluchez la butternut, coupez-la en dés et faites-la cuire à la vapeur pendant 10 min.

4. Préchauffez le four à 190 °C (th. 6-7). Épluchez l'oignon et coupez-le en morceaux.

5. Déposez l'oignon, la butternut, le sarrasin, les pois chiches, la sauce tomate, l'oeuf, le paprika, la purée de sésame, le persil et 120 g de chapelure dans le bol du mixeur et mixez finement jusqu'à ce que vous obteniez une préparation homogène.

6. Formez des boules de la taille d'une grosse noix et déposez-les sur une plaque de four huilée. Enfournez pour 20 min de cuisson. Servez avec le coleslaw.

INFO NUTRITION

Pour 1 portion : Calories 821 kcal / Protéines 34 g / Glucides 125 g / Lipides 20,5 g

Galettes de millet au comté et aux petits légumes

Pour 12 galettes / 15 min de préparation / 30 min de cuisson

Ingrédients

120 g de millet
1 échalote
1 carotte
½ courgette
50 g de comté
1 œuf
40 g de farine de châtaigne
1 cuil. à café de cumin en poudre
1 cuil. à soupe d'huile d'olive
Sel et poivre

1. Placez le millet dans une casserole avec 2,5 fois son volume d'eau salée et faites cuire pendant une dizaine de minutes jusqu'à ce que toute l'eau se soit évaporée.

2. Pelez et émincez l'échalote, pelez et râpez la carotte et lavez et râpez la courgette. Mélangez les légumes au millet cuit avec le comté râpé. Ajoutez un œuf, la farine de châtaigne et le cumin. Mélangez bien. Salez et poivrez.

3. Faites chauffer l'huile d'olive dans une poêle et disposez-y de grosses cuillerées de la préparation au millet. Écrasez-les légèrement avec le dos de la cuillère de manière à former des galettes. Laissez cuire pendant environ 5 min de chaque côté à feu moyen-doux.

4. Dégustez accompagné d'une salade verte.

CONSEIL

Si la courgette est gorgée d'eau et que la préparation vous semble donc trop humide, n'hésitez pas à ajouter un peu de farine de châtaigne.

Wok de protéines de soja au gingembre et aux deux poivrons

Pour 4 personnes / 15 min de préparation / 20 min de cuisson / 30 min de repos

Ingrédients

120 g de protéines de soja gros
5 cuil. à soupe de sauce soja
1 cube de bouillon de légumes
2 échalotes
3 cm de gingembre frais
2 gousses d'ail
1 poivron vert
1 poivron rouge
Le jus de 1 citron vert
1 petit bouquet de coriandre fraîche
Huile d'olive
Sel

Matériel

Mixeur
Wok

1. Placez les protéines de soja dans un bol avec 3 cuil. à soupe de sauce soja et le cube de bouillon. Recouvrez d'eau bouillante et laissez réhydrater pendant au moins 30 min.

2. Pendant ce temps, épluchez les échalotes, le gingembre et les gousses d'ail, et mixez-les ensemble. Dans un wok, faites chauffer un peu d'huile d'olive et versez le mélange aux échalotes. Faites-le dorer quelques minutes, puis ajoutez les poivrons lavés et coupés en dés et les protéines de soja. Arrosez du reste de sauce soja, du jus du citron vert, salez et faites cuire pendant environ 15 min, jusqu'à ce que le soja et les poivrons soient dorés.

3. Parsemez de coriandre fraîche ciselée et servez aussitôt, accompagné de riz ou de quinoa.

INFO NUTRITION

Les protéines de soja constituent une excellente alternative à la viande hachée : elles sont très riches en protéines végétales de bonne qualité, elles sont également riches en fibres et pauvres en matières grasses.

Patates douces farcies

2 personnes / 20 min de préparation / 1 h de cuisson

Ingrédients

2 patates douces de taille moyenne
4 brins de menthe
100 g de feta
1 poignée d'épinards
1 avocat,
1 citron jaune
1 cuil. à soupe de graines de chanvre

1. Préchauffez le four à 200 °C (th. 6-7).

2. Lavez les patates douces, disposez-les sur une plaque et enfournez-les pour 1 h de cuisson.

3. Pendant ce temps, lavez et hachez les feuilles de menthe. Coupez la feta en petits morceaux. Hachez les feuilles d'épinards.

4. Pressez le citron. Ouvrez l'avocat, prélevez la chair et écrasez-la avec le jus de citron. Salez, poivrez et mélangez à la menthe. Ajoutez les épinards hachés, la feta et les graines de chanvre. Mélangez bien. Lorsque les patates douces sont cuites, sortez-les du four, ouvrez-les et garnissez-les.

INFO NUTRITION

Pour 1 portion : Calories 572 kcal / Protéines 14 g / Glucides 75 g / Lipides 24 g

Poulet grillé au gingembre et au miso

Pour 2 personnes / 15 min de préparation / 4 min de cuisson

Ingrédients

2 filets de poulet de 150 g chacun coupés en morceaux dans la longueur
2 cuil. à soupe de pâte miso
2 cuil. à soupe de sauce soja
2 cuil. à café de gingembre râpé
2 cuil. à café d'huile de sésame

Pour l'accompagnement

150 g de pois mange-tout émincés
1 ½ cuil. à soupe de gingembre mariné
1 cuil. à soupe de graines de sésame grillées

Matériel

1 saladier
1 bouilloire
1 plat
1 poêle
1 assiette

1. Placez les pois mange-tout dans un saladier et recouvrez d'eau bouillante, attendez 1 min et égouttez. Rassemblez dans le saladier les pois mange-tout et le gingembre mariné, les graines de sésame et mélangez. Couvrez et réservez.

2. Mélangez la pâte miso, la sauce soja, le gingembre râpé et l'huile de sésame dans un plat. Ajoutez le poulet et laissez mariner pendant 5 min.

3. Préchauffez une poêle à feu moyen et faites cuire le poulet pendant 2 min de chaque côté.

4. Répartissez la salade dans des assiettes, déposez le poulet et saupoudrez de graines de sésame.

5. Dégustez.

Écrasée de pommes de terre au brocoli, ail et curcuma

Pour 4 personnes / 15 min de préparation / 25 min de cuisson

Ingrédients

750 g de pommes de terre
2 brocolis
3 échalotes
2 gousses d'ail
2 cm de curcuma frais
3 cuil. à soupe d'huile d'olive
2 cuil. à soupe de graines de courge

Matériel

Cuit-vapeur

1. Épluchez les pommes de terre et faites-les cuire à la vapeur pendant 20 min avec les brocolis coupés en fleurettes.

2. Pendant ce temps, épluchez et émincez les échalotes, l'ail et le curcuma. Faites-les revenir quelques minutes dans 1 cuil. à soupe d'huile d'olive, jusqu'à ce que les échalotes soient dorées.

3. Réservez l'eau de cuisson des pommes de terre. Écrasez les brocolis et les pommes de terre dans un saladier à l'aide d'une fourchette. Ajoutez 4 cuil. à soupe de l'eau de cuisson des pommes de terre, 2 cuil. à soupe d'huile d'olive ainsi que les échalotes à l'ail et au curcuma. Mélangez. Dans une poêle, faites griller à sec les graines de courge, pendant 2 à 3 min, et parsemez-en l'écrasée. Dégustez aussitôt.

Tartare de poisson et tagliatelles de courgette

Pour 2 personnes / 20 min de préparation / 15 min de repos

Ingrédients

300 g de poisson blanc sans arête (extra-frais)
2 citrons verts
1 oignon tige
1 pincée de piment en poudre
1 courgette verte
1 cuil. à soupe de petites olives noires
1 citron jaune
1 cuil. à soupe d'huile d'olive
8 brins d'herbes fraîches mélangées
2 cuil. à soupe de yaourt grec
50 g de maïs
Sel et poivre

1. Coupez le poisson en petits dés. Pressez les citrons verts et arrosez la chair du poisson avec le jus. Hachez l'oignon tige et ajoutez-le au poisson. Ajoutez le piment, salez, poivrez et laissez mariner 15 min.

2. Lavez la courgette et coupez-la en tagliatelles à l'aide d'un économe. Hachez les herbes fraîches et réservez.

3. Pressez le citron jaune et arrosez la courgette de jus de citron et d'huile d'olive. Salez légèrement et poivrez, ajoutez les herbes hachées et les olives.

4. Servez les tagliatelles de courgette avec le poisson mariné.

INFO NUTRITION

Pour 1 portion : Calories 320 kcal / Protéines 29 g / Glucides 15 g / Lipides 16 g

Boulettes de bœuf aux herbes et frites de patates douces

Pour 2 personnes / 25 min de préparation / 40 min de cuisson

Ingrédients

Pour les boulettes

40 g de chapelure de pain
5 cl de lait
1 échalote
2 gousses d'ail
1 œuf
Le zeste et le jus de 2 citrons non traités
25 g de parmesan râpé
5 brins de ciboulette
5 brins de persil
800 g de bœuf haché maigre
2 cuil. à soupe d'huile d'olive
Sel et poivre

Pour les patates douces

2 patates douces de petite taille
1 cuil. à soupe d'huile d'olive
Sel, poivre

1. Préchauffez le four à 230 °C (th. 7-8).

2. Lavez les patates douces en frottant bien la peau. Coupez-les en huit pour faire de grosses frites. Badigeonnez-les légèrement d'huile, salez, poivrez et enfournez pour 25 min de cuisson.

3. Badigeonnez une plaque de cuisson avec 1 cuil. à soupe d'huile d'olive et mettez-la de côté. Mélangez la chapelure avec le lait.

4. Épluchez puis hachez l'échalote et l'ail. Faites chauffer 1 cuil. à soupe d'huile dans une poêle, puis ajoutez-y l'échalote et l'ail. Laissez cuire environ 3 min en remuant fréquemment, jusqu'à ce qu'ils deviennent translucides.

5. Ciselez la ciboulette et le persil. Battez l'œuf dans un saladier, puis mélangez-le avec la chapelure, le zeste et le jus de citron, le parmesan, la ciboulette et le persil. Ajoutez l'échalote, l'ail et la viande hachée. Assaisonnez et mélangez bien.

6. Formez des boulettes d'environ 4 cm de diamètre et placez-les sur la plaque de cuisson en les serrant bien les unes contre les autres. Enfournez pour 12 à 15 min, jusqu'à cuisson complète des boulettes.

7. Servez avec les frites de patates douces.

INFO NUTRITION

Pour 1 portion : Calories 882 kcal / Protéines 58,5 g / Glucides 87 g / Lipides 33,5 g

Burger de veau

Pour 2 personnes / 30 min de préparation / 10 min de cuisson

Ingrédients
2 pains à burger (achetés chez votre boulanger)
240 g de veau haché
1 avocat
¼ de concombre
1 tomate
1 cœur de sucrine
1 cuil. à soupe d'huile d'olive

Pour le pesto léger :
6 brins de basilic
1 cuil. à soupe de pignons de pin
1 cuil. à soupe d'huile d'olive
2 cuil. à soupe d'eau

Pour la mayonnaise légère :
10 cl de préparation cuisine au soja
1 cuil. à soupe d'huile d'olive
½ citron
Sel et poivre

Matériel
Mixeur

1. Préparez la mayonnaise : pressez le citron. Versez la préparation cuisine au soja dans un petit mixeur avec l'huile d'olive. Mixez pendant 10 secondes, ajoutez le jus de citron, une pincée de sel et de poivre puis mixez jusqu'à ce que cela épaississe. Réservez au frais.

2. Préparez le pesto léger : lavez les feuilles de basilic et essuyez-les. Déposez-les dans un petit mixeur avec les pignons, l'huile d'olive et l'eau et mixez jusqu'à ce que vous obteniez un mélange homogène. Salez légèrement.

3. Préchauffez le gril du four. Formez deux steaks avec la viande hachée, salez et poivrez légèrement.

4. Épluchez l'avocat et coupez-le en lanières. Lavez la tomate et coupez-la en tranches. Lavez la sucrine et effeuillez-la. Lavez le concombre et émincez-le finement. Coupez les pains en deux dans l'épaisseur et faites-les griller quelques minutes sous le gril du four.

5. Faites chauffer une poêle avec l'huile d'olive et faites revenir les steaks 3 min de chaque côté.

6. Tartinez le pain avec les deux sauces, déposez la salade et la tomate sur la partie inférieure, ajoutez le steak et le reste de garniture, refermez le burger et dégustez-le aussitôt.

INFO NUTRITION

Pour 1 portion : Calories 717 kcal / Protéines 37 g / Glucides 44 g / Lipides 44,5 g

3. Les en-cas avant, pendant et après l'effort

Carrés d'amande et de noix à l'acérola

Pour 20 carrés environ / 10 min de préparation / 14 h de réfrigération

Ingrédients

20 g de cerneaux de noix
125 g de poudre d'amandes
5 g d'acérola
Le zeste de 1 orange
80 g de sirop d'agave
20 g d'huile de coco
Fécule de maïs pour le rouleau à pâtisserie

Matériel

Mixeur
Film alimentaire
Rouleau à pâtisserie

1. Mixez les noix en poudre fine. Mélangez cette dernière à la poudre d'amandes, l'acérola et le zeste d'orange. Ajoutez le sirop d'agave et l'huile de coco, et malaxez jusqu'à l'obtention d'une boule de pâte. Enveloppez-la dans du film alimentaire et placez-la au réfrigérateur pendant 12 h.

2. Étalez la pâte sur 1 cm d'épaisseur à l'aide du rouleau à pâtisserie enduit de fécule de maïs. Remettez au frais pendant 2 h. Coupez ensuite des carrés de pâte d'environ 3 cm de côté et enveloppez-les dans un bel emballage. Dégustez à toute heure de la journée ces petites bouchées d'énergie.

INFO NUTRITION

L'amande est riche en protéines et en calcium. Ses fibres et ses graisses, de la famille des acides gras mono-insaturés, permettent de réduire le taux de « mauvais cholestérol ».

Cookies énergie crus

Pour 15 cookies environ / 15 min de préparation

Ingrédients

1 citron jaune non traité ou bio
6 abricots moelleux
6 dattes dénoyautées
1 cuil. à soupe de raisins blancs
1 cuil. à soupe de baies de goji
50 g de noix de coco râpée
1 cuil. à soupe de graines de sésame noir
2 cuil. à soupe de flocons d'avoine
30 g d'amandes
1 pincée de sel

Matériel

Mixeur

1. Lavez le citron et prélevez le zeste. Mettez les abricots, les dattes, les raisins, les baies de goji, la noix de coco râpée, le sésame, les flocons d'avoine et les amandes dans le bol d'un mixeur et mixez jusqu'à ce que vous obteniez une pâte.

2. Répartissez la pâte en boules de 30 g et étalez-les à l'intérieur de cercles individuels à pâtisserie pour leur donner une forme ronde. Aplatissez bien et réservez.

3. Conservez-les frais dans une boîte hermétique.

INFO NUTRITION

Pour 1 cookie : Calories 63 kcal / Protéines 1 g / Glucides 8 g / Lipides 3 g

Fruits gelés

Pour environ 20 cubes / 10 min de préparation / 5 min de cuisson / 4 h de repos

Ingrédients

1 citron

2 g d'agar-agar

80 g de sucre semoule

Pour la version aux abricots :

120 g d'abricots

Pour la version fraise-framboise :

80 g de fraises

30 g de framboises

½ cuil. à café de vanille en poudre

Pour la version myrtille-banane :

30 g de myrtilles

½ banane

½ cuil. à café de gingembre

Matériel

Mixeur

1. Pour la version aux abricots : pressez le citron. Lavez les abricots, dénoyautez-les et mixez la chair avec le jus de citron. Versez l'eau dans une casserole et ajoutez l'agar-agar, puis portez à ébullition pendant 1 min. Ajoutez le sucre et portez à nouveau à ébullition pendant 1 min.

2. Pour la version fraise-framboise : pressez le citron. Lavez les fraises, équeutez-les et mixez la chair avec le jus de citron et les framboises. Versez l'eau dans une casserole et ajoutez l'agar-agar, puis portez à ébullition pendant 1 min. Ajoutez le sucre, la poudre de vanille et portez à nouveau à ébullition pendant 1 min. Versez la purée de fraises dans la casserole, mélangez et poursuivez la cuisson 1 min encore.

3. Pour la version myrtille-banane : pressez le citron. Lavez les myrtilles. Épluchez la banane et mixez la chair d'une demi-banane avec le jus de citron et les myrtilles. Versez l'eau dans une casserole et ajoutez l'agar-agar, puis portez à ébullition pendant 1 min. Ajoutez le sucre, le gingembre et portez à nouveau à ébullition pendant 1 min. Versez la purée de fruits dans la casserole, mélangez et poursuivez la cuisson pendant 1 min.

4. Versez les préparations obtenues dans de petites empreintes et laissez prendre à température ambiante pendant 4 h. Démoulez et conservez dans une boîte hermétique au frais.

INFO NUTRITION

Pour 1 cube : Calories 20 kcal, Protéines 0 g/Glucides 5 g/Lipides 0 g

Barres de céréales à la noix de coco et au miel

Pour une dizaine de barres / 15 min de préparation / 15 min de cuisson / 2 h de repos

Ingrédients
50 g de flocons de châtaigne
50 g de flocons d'avoine
50 g de flocons d'azukis
50 g de noix de coco râpée
30 g de noix grossièrement hachées
20 g de graines de courge
20 g de canneberges
20 g de baies de goji
80 g de beurre doux
60 g de miel
50 g de sucre

Matériel
Plat de 20 cm x 20 cm

1. Placez les flocons, la noix de coco, les noix et les graines de courge dans une poêle et faites-les torréfier pendant quelques minutes en surveillant bien. La noix de coco brunit très vite ! Transvasez ensuite dans un saladier et ajoutez les canneberges et les baies de goji. Mélangez.

2. Dans une casserole, faites fondre le beurre et ajoutez-y le miel et le sucre. Portez à ébullition et laissez cuire à feu doux 8 à 10 min en remuant constamment. Vous devez obtenir un joli caramel doré. Pour vérifier la cuisson, laissez tomber une goutte dans un verre d'eau froide. Celle-ci doit se figer au contact de l'eau et se transformer en une petite boule moelleuse.

3. Versez immédiatement le caramel sur le mélange aux flocons et mélangez bien. Transvasez dans un plat d'environ 20 cm x 20 cm préalablement chemisé de papier sulfurisé. Aplatissez à l'aide de vos mains de manière à obtenir une surface bien régulière.

4. Laissez refroidir pendant environ 2 h puis découpez en barres.

À SAVOIR

Ces barres se conserveront quelques jours dans une boîte hermétique ou enveloppées dans du papier.

Barres de céréales au riz soufflé et aux fruits secs

Pour une dizaine de barres / 15 min de préparation / 25 min de cuisson

Ingrédients

250 g de flocons d'avoine
100 g de riz soufflé
2 cuil. à soupe de cranberries
2 cuil. à soupe de raisins secs
1 poignée d'amandes
1 poignée de noisettes
1 poignée de noix de cajou
2 cuil. à soupe de graines de sésame
7 cuil. à soupe de miel
6 cuil. à soupe d'huile de coco

Matériel

1 saladier
1 robot mixeur
1 casserole
1 plaque allant au four
Papier sulfurisé

1. Préchauffez le four à 160 °C (th. 5-6). Mettez dans un saladier les flocons d'avoine, le riz soufflé, les cranberries et les raisins secs. Mixez.

2. Mixez grossièrement les amandes, les noisettes et les noix de cajou. Ajoutez-les aux céréales et complétez avec les graines de sésame.

3. Dans une casserole, faire fondre le miel avec l'huile de coco.

4. Hors du feu, ajoutez ce mélange aux céréales.

5. Étalez le mélange sur une plaque chemisée de papier sulfurisé. Recouvrez d'une autre feuille de papier sulfurisé.

6. Enfournez pour 15 à 20 min. Sortez du four et découpez des barres avant qu'elles ne durcissent.

ASTUCE

Ces barres de céréales se conservent dans une boîte hermétique pendant plusieurs semaines.

INFO NUTRITION

Idéal lorsqu'on a peu de temps pour prendre un petit déjeuner. Les fruits sont riches en antioxydants, en vitamines, en minéraux et en fibres, et les graines oléagineuses, qui apportent également de la vitamine E, vous permettent d'être rassasié.

Barres chocolatées aux corn flakes

Pour environ 6 barres / 10 min de préparation / 10 min de cuisson

Ingrédients
90 g de corn flakes
40 g de confiture d'abricots lisse
30 g de sucre blond
10 g de margarine
80 g de chocolat (lait ou noir)

Matériel
Moule à empreintes rectangulaires en silicone

1. Préchauffez le four à 150 °C (th. 5). Concassez grossièrement les corn flakes. Faites chauffer la confiture d'abricot avec le sucre. Ajoutez la margarine, puis les corn flakes.

2. Tassez dans de petites empreintes rectangulaires en silicone et faites cuire pendant environ 10 min. Laissez légèrement tiédir puis démoulez.

3. Faites fondre le chocolat au bain-marie. Recouvrez-en une face de chaque barre et réservez au frais avant de déguster.

INFO NUTRITION

Préférez le chocolat noir pour profiter des bienfaits du cacao (magnésium, fibres, substances protectrices du système cardiovasculaire...).

Superbarres énergétiques aux noix de cajou, dattes et figues

Pour 12 barres environ / 10 min de préparation / 12 h de réfrigération

Ingrédients
100 g de noix de cajou non salées
50 g de dattes medjool
50 g de figues séchées
2 cm de gingembre frais
2 cuil. à café de maca en poudre
2 cuil. à soupe de cacao en poudre

Matériel
Mixeur
Récipient hermétique

1. Mixez les noix de cajou jusqu'à l'obtention d'une poudre épaisse. Hachez grossièrement les dattes et les figues, et ajoutez-les aux noix de cajou avec le gingembre épluché et râpé, le maca et le cacao. Malaxez de façon à obtenir une boule de pâte, que vous étalez à la main au fond d'un récipient pouvant fermer hermétiquement.

2. Placez le récipient fermé au réfrigérateur et laissez reposer pendant au minimum 12 h. Ensuite, découpez des barres à l'aide d'un couteau. Vous pouvez facilement transporter ces barres enveloppées dans du papier pour les déguster en cas de coup de fatigue ou de petite faim.

INFO NUTRITION

Ces barres sont riches en énergie mais aussi en ingrédients particulièrement stimulants et énergisants (cacao, maca, gingembre).

Muffins à la patate douce et aux graines

Pour 6 à 8 muffins / 20 min de préparation / 20 min de cuisson

Ingrédients

220 g de patate douce cuite à la vapeur
3 œufs
90 g de sucre de canne complet
180 g de farine
1 cuil. à café de levure
1 cuil. à café de bicarbonate de soude
60 g d'huile de noisette
1 cuil. à café d'extrait de vanille
12 cl de boisson végétale à la noisette
1 cuil. à soupe de graines de pavot
1 cuil. à soupe de graines de courge
1 cuil. à soupe de graines mélangées

Matériel

Moules à muffins

1. Préchauffez le four à 180 °C (th. 6). Fouettez les œufs avec le sucre jusqu'à ce que le mélange mousse.

2. Mélangez la poudre de noisettes à la farine, à la levure et au bicarbonate de soude. Ajoutez au mélange précédent, mélangez bien puis versez l'huile de noisette, l'extrait de vanille et la boisson végétale à la noisette. Mélangez bien jusqu'à ce que vous obteniez une texture homogène.

3. Écrasez la patate douce en purée et ajoutez le tout à la pâte avec les graines. Versez l'appareil dans des moules à muffins recouverts de caissettes en papier, parsemez de graines et enfournez pour 20 min.

4. Sortez du four et laissez complètement refroidir

Banana breadmuffins au gingembre et aux graines de chia

Pour 12 muffins environ / 10 min de préparation / 20 min de cuisson

Ingrédients

2 œufs
2 cuil. à soupe d'huile de coco
2 bananes
15 cl de lait d'amande
200 g de farine
½ sachet de poudre à lever
100 g de sucre
50 g de graines de chia
3 cm de gingembre frais

Matériel

Moules ou caissettes à muffins
Fouet
Presse-ail

1. Dans un saladier, mélangez les œufs, l'huile de coco, les bananes épluchées et écrasées et le lait d'amande. Dans un second saladier, mélangez la farine, la poudre à lever, le sucre et les graines de chia. Incorporez le mélange sec au mélange liquide à l'aide du fouet.

2. Épluchez le gingembre et pressez-le à l'aide du presse-ail. Ajoutez-le à la préparation précédente et mélangez jusqu'à l'obtention d'une texture homogène.

3. Préchauffez le four à 180 °C (th. 6). Remplissez les moules ou les caissettes à muffins aux trois quarts et faites cuire au four pendant environ 20 min. Vérifiez la cuisson en piquant la pointe d'un couteau dans la pâte, elle doit ressortir sèche.

Frozen Bowls

Pour 2 bols / 5 min de préparion / 12 h de congélation

Ingrédients

Pour la version açaï-fraise

1 banane
50 g de fraises
+ 3 pour le dessus du bol
1 cuil. à soupe d'açaï en poudre
1 cuil. à soupe de purée d'amandes blanches
10 cl de lait d'amande
1 cuil. à café de pollen

Pour la version poire-épinards-pomme

1 banane
½ pomme granny smith
1 poire
1 poignée d'épinards
1 cuil. à café de spiruline en poudre
10 cl de boisson végétale à base de riz
1 cuil. à café de graines de pavot

1. Préparez la version açaï-fraise : la veille, épluchez la banane, coupez-la et placez-la au congélateur. Le jour même, lavez, équeutez et coupez les fraises ; conservez pour la présentation. Déposez les autres fraises dans le bol du mixeur avec la banane surgelée, la poudre d'açaï, la purée d'amandes et le lait d'amande. Mixez jusqu'à ce que vous obteniez un mélange homogène. Versez dans un bol, ajoutez les fraises réservées et le pollen et dégustez aussitôt.

2. Préparez la version poire-épinards-pomme : la veille, épluchez la banane, coupez-la et placez-la au congélateur. Le jour même, lavez la pomme et coupez-la en fines lamelles puis réserver. Lavez et épluchez la poire. Ôtez le cœur et coupez-la en morceaux. Déposez-les dans le bol du mixeur avec la banane surgelée, les épinards, la spiruline et la boisson végétale. Mixez jusqu'à ce que vous obteniez un mélange homogène. Versez dans un bol, ajoutez la pomme et les graines de pavot et dégustez aussitôt.

Cake banane-coco

Pour 1 cake / 15 min de préparation / 35 min de cuisson

Ingrédients
1 banane
1 œuf
5 cl d'huile de coco
5 cl d'huile d'olive
15 cl de lait de coco
120 g de sucre rapadura
150 g de farine de petit épeautre
50 g de farine de châtaigne
1 sachet de poudre à lever
½ cuil. à café de vanille en poudre
20 g de noix de coco râpée

Matériel
Mixeur
Moule à cake

1. Écrasez la banane à l'aide d'une fourchette et mélangez-la avec l'œuf, les huiles et le lait de coco. Mixez pour obtenir un mélange homogène.

2. Ajoutez alors le sucre, les farines, la poudre à lever et la vanille et mélangez bien.

3. Préchauffez le four à 180 °C (th. 6). Chemisez un moule à cake de papier sulfurisé et remplissez-le de pâte. Saupoudrez de noix de coco râpée et enfournez pour 35 min. La pointe d'un couteau doit ressortir sèche.

CONSEIL

Ce cake est délicieux accompagné d'un peu de chantilly de coco.

Biscuits fourrés aux figues

Pour environ 20 biscuits / 25 min de préparation / 2 h de repos / 3 h de trempage / 20 min de cuisson

Ingrédients

250 g de farine de petit épeautre
50 g de sucre glace
150 g de beurre
180 g de figues séchées
2 tasses de jus de fruits (pommes ou poires)
1,5 cuil. à soupe de graines de chia
1 cuil. à soupe d'eau de fleur d'oranger
1 œuf + 1 jaune d'œuf
Sel

Matériel

Robot

1. Préparez la pâte. Versez la farine, le sucre glace, le beurre et 1 pincée de sel dans un saladier ou la cuve d'un robot et mélangez jusqu'à l'obtention d'une consistance sableuse. Ajoutez l'œuf et le jaune d'œuf et travaillez pour obtenir une pâte homogène.

2. Enveloppez la pâte de film alimentaire et réservez au frais pendant au moins 2 h.

3. Rincez les figues et mettez-les à gonfler à couvert dans le jus de fruit pendant 3 h.

4. Mettez à gonfler les graines de chia dans l'eau de fleur d'oranger.

5. Préparez les biscuits. Préchauffez le four à 175 °C (th. 6). Égouttez les figues (conservez le jus pour rectifier la consistance) et mixez-les, puis ajoutez les graines de chia. Ajoutez un peu de jus de fruits si la préparation est trop sèche.

6. Étalez finement la pâte en rectangle et partagez-la en deux moitiés. Badigeonnez l'une des moitiés de pâte de figues et recouvrez avec l'autre moitié de pâte. Badigeonnez de jaune d'œuf, puis quadrillez légèrement la pâte de façon à pouvoir détacher les biscuits après la cuisson. Faites cuire en bas du four pendant environ 20 min. Laissez tiédir avant de séparer les biscuits.

SUGGESTION

Ajoutez une pincée de cannelle dans la pâte.

Trail mix

Pour 270 g de trail mix / 2 min de préparation

Ingrédients

Version fruity

60 g de noix de cajou
60 g d'amandes
30 g de graines de courge
40 g de cranberries
40 g de baies de goji
40 g d'aguaymanto

Version easy

60 g d'amandes
60 g de noix
20 g de copeaux de noix de coco
80 g de raisins blonds
40 g de rondelles de bananes séchées

Version chunky

30 g de noix de pécan
30 g de noisettes
30 g d'amandes
30 g de noix d'Amazonie
60 g de raisins enrobés de chocolat
60 g de dattes dénoyautées
30 g de gingembre confit

1. Préparez la version *fruity* : mélangez les noix de cajou, les amandes, les graines de courge, les cranberries, les baies de goji et l'aguaymanto. Conservez le mélange dans un récipient hermétique.

2. Préparez la version *easy* : mélangez les amandes, les noix, les copeaux de noix de coco, les raisins blonds et les bananes. Conservez le mélange dans un récipient hermétique.

3. Préparez la version *chunky* : coupez les dattes en petits morceaux. Mélangez-les aux noix de pécan, noisettes, amandes, noix d'Amazonie, raisins et gingembre. Conservez le mélange dans un récipient hermétique.

Energy balls aux dattes et canneberges

Pour 10 boules environ / 10 min de préparation

Ingrédients

100 g de dattes medjool
20 g de canneberges séchées
20 g d'amandes en poudre
2 cuil. à soupe de cacao en poudre

Matériel

Mixeur

1. Dénoyautez les dattes et coupez-les en deux. Mixez-les afin d'obtenir une purée. Ajoutez les canneberges et la poudre d'amandes, et continuez de mixer jusqu'à la formation d'une pâte compacte.

2. Prélevez alors une petite quantité de pâte et roulez-la pour obtenir une boule d'environ 2 cm de diamètre. Placez le cacao dans une assiette et roulez la boule de datte dedans afin de l'enrober de cacao. Recommencez jusqu'à épuisement de la pâte.

INFO NUTRITION

Les dattes apportent de l'énergie immédiatement disponible, idéale en cas d'activité sportive. Les dattes, le cacao et les amandes sont riches en potassium, un minéral très important en cas d'activité physique.

CONSEIL

Ces petites boules d'énergie se conservent jusqu'à 4 jours au frais dans un récipient hermétique.

Energy balls cacao cru-noix de coco

Pour une dizaine de boules / 10 min de préparation / 1 h de repos

Ingrédients

4 dattes molles dénoyautées
1 poignée de raisins secs
3 cuil. à soupe de purée de noix de cajou
20 g de noix du Brésil
2 cuil. à soupe de cacao cru
2 cuil. à soupe de miel liquide

Pour la décoration

2 cuil. à soupe de noix de coco râpée pour rouler les boules dedans

Matériel

Robot blender ou mixeur
1 assiette

1. Mixez l'ensemble des ingrédients jusqu'à obtenir une pâte homogène.
2. Formez des petites boules et roulez-les dans la noix de coco râpée.
3. Laissez reposer pendant 1 h au réfrigérateur.
4. Dégustez.

ASTUCES

Vous pouvez planter des cure-dents pour obtenir des sucettes d'energy balls. Filmez les boules pour maintenir leur texture tendre et leur goût, et conservez-les au frais.

INFO NUTRITION

Le cacao cru contient des antioxydants comme les polyphénols, les flavonoïdes, les catéchines… Il aura donc un effet bénéfique sur la santé !

Crackers à la farine de petit épeautre et aux graines

Pour une trentaine de petits crackers / 15 min de préparation / 10 min de cuisson

Ingrédients

60 g de farine de petit épeautre
60 g de farine de blé
2 cuil. à soupe de graines de lin
2 cuil. à soupe de graines de pavot
20 g de graines de courge
20 g de parmesan
1 cuil. à café de bicarbonate de soude
1 pincée de fleur de sel
5 cl d'eau

Matériel

Emporte-pièce

1. Dans un saladier, mélangez les farines, le bicarbonate, les graines, le parmesan et la fleur de sel. Ajoutez l'eau au fur et à mesure en mélangeant jusqu'à obtenir une boule de pâte.

2. Préchauffez le four à 180 °C (th. 6). Étalez la pâte très finement (1 à 2 mm d'épaisseur) puis découpez des formes à l'aide d'emporte-pièce.

3. Placez ces formes sur une plaque recouverte de papier sulfurisé. Enfournez pour 10 min en surveillant bien. Les crackers doivent être légèrement dorés.

CONSEIL

Ces crackers aux graines sont délicieux trempés dans une tartinade salée.

Sandwichs sucrés

Pour 1 sandwich / 5 min de préparation

Ingrédients

Sandwich pomme-beurre de cacahuète

2 tranches de pain complet
1 cuil. à soupe de beurre de cacahuète
1 cuil. à café de miel
1 pomme rouge

Sandwich poire-purée d'amandes

2 tranches de pain complet
1 cuil. à soupe de purée d'amandes
1 cuil. à café de sirop d'érable
1 poire

1. Préparez le sandwich pomme-beurre de cacahuète : faites griller les tranches de pain. Tartinez-les de beurre de cacahuète et de miel. Lavez la pomme, ôtez le trognon et coupez-la en fines lamelles. Répartissez-les sur le pain, puis refermez le sandwich.

2. Préparez le sandwich poire-purée d'amandes : faites griller les tranches de pain. Tartinez-les de purée d'amandes et de sirop d'érable. Lavez la poire, ôtez le trognon et coupez-la en fines lamelles. Répartissez-les sur le pain, puis refermez le sandwich.

Sablés lentilles et céréales

Pour une quinzaine de sablés / 10 min de préparation / 1 h de repos / 10 min de cuisson

Ingrédients

125 g de beurre (ou de margarine « dure ») à température ambiante
100 g de sucre glace
1 œuf
120 g de farine de lentilles
200 g de farine de riz complet
5 cuil. à soupe de sucre cristallisé
Sel

1. Battez le beurre et le sucre glace jusqu'à l'obtention d'une crème blanche. Incorporez l'œuf et mélangez bien. Ajoutez alors les farines, 1 pincée de sel et travaillez la préparation jusqu'à l'obtention d'une pâte homogène.

2. Formez deux boudins, roulez-les dans le sucre cristallisé et enveloppez-les dans du film alimentaire. Réservez au froid pendant 1 h.

3. Préchauffez le four à 175 °C (th. 5-6). Détaillez les boudins en palets de 5 à 8 mm.

4. Disposez-les sur une plaque de four recouverte d'une feuille de cuisson. Faites cuire pendant 10 min environ. Laissez tiédir avant de retirer de la plaque. Réservez dans une boîte à biscuits.

4. Boissons saines et gourmandes

Jus carotte, grenade, clémentine, citron, curcuma, gingembre

Pour 2 verres / 15 min de préparation

Ingrédients
1 carotte
1 grenade
2 clémentines
1 citron
1 cuil. à café de curcuma
1 cuil. à café de gingembre

Matériel
1 extracteur de jus
ou 1 robot mixeur

1. Épluchez et découpez en rondelles la carotte. Ouvrez la grenade et récupérez les graines. Épluchez les clémentines et récupérez les quartiers. Pressez le citron pour obtenir le jus.

2. Mixez l'ensemble ou mettez dans l'extracteur de jus. Ajoutez le curcuma et le gingembre et remuez.

3. Dégustez.

Jus épinards, pomme, ananas, gingembre

Pour 2 verres / 15 min de préparation

Ingrédients

200 g de pousses d'épinards
1 pomme Granny Smith
½ citron
1 tranche d'ananas
1 cuil. à café de gingembre

Matériel

1 extracteur de jus ou 1 robot mixeur

1. Lavez les pousses d'épinards puis égouttez-les. Lavez et épluchez la pomme. Découpez la pomme en quartiers et arrosez-les de jus de citron. Épluchez la tranche d'ananas et découpez-la en morceaux.

2. Mixez l'ensemble ou mettez dans l'extracteur de jus. Rajoutez le gingembre et remuez.

3. Dégustez.

INFO NUTRITION

Ce cocktail de jus est de préférence à déguster le matin pour faire le plein de vitamines et d'énergie.

Eaux énergétiques

Pour 1 l / 10 min de préparation

Ingrédients
10 g de sucre
(ou maltodextrine)
½ citron pressé
1 pincée de sel

Pour l'eau à la grenade
22 cl de jus de grenade
78 cl d'eau,

Pour l'eau au raisin
20 cl de jus de raisin
80 cl d'eau,

Pour l'eau à la pomme
20 cl de jus de pomme
10 cl de jus de carotte
70 cl d'eau

1. Pour l'eau à la grenade, mélangez le jus de grenade, l'eau, le sucre et le jus de citron, sans oublier la pincée de sel.

2. Pour l'eau au raisin, mélangez le jus de raisin avec l'eau, le sucre et le jus de citron, sans oublier la pincée de sel.

3. Pour l'eau à la pomme, mélangez le jus de pomme avec le jus de carotte, l'eau, le sucre et le jus de citron, sans oublier la pincée de sel.

Green smoothie au kale

Pour 2 grands verres / 5 min de préparation

Ingrédients

15 cl de boisson végétale au chanvre
4 feuilles de chou kale (environ 200 g)
1 avocat
½ concombre
Le jus de ½ citron vert
30 g de noix de coco en poudre
Sel, poivre

Matériel

Blender

1. Versez la boisson végétale au chanvre dans le bol du blender. Enlevez la nervure centrale des feuilles de chou kale et hachez-les. Ouvrez l'avocat en deux, retirez le noyau, ôtez la peau et coupez la chair en morceaux. Épluchez le concombre et coupez-le également en morceaux.

2. Placez le kale, l'avocat et le concombre dans le bol du blender, saupoudrez de noix de coco et arrosez du jus de citron vert. Salez et poivrez selon votre goût, et mixez à puissance maximale jusqu'à l'obtention d'un mélange homogène. Au besoin, ajoutez de l'eau pour obtenir la texture souhaitée. Dégustez frais.

Smoothie coco, banane, maca et gelée royale

Pour 2 grands verres / 5 min de préparation

Ingrédients

20 cl de lait de coco
200 g de yaourt
1 banane
1 cuil. à café de maca en poudre
1 cuil. à soupe de miel
1 g de gelée royale

Matériel

Blender

1. Dans le bol du blender, versez le lait de coco. Ajoutez le yaourt, la banane épluchée et coupée en morceaux, le maca, le miel et la gelée royale. Mixez jusqu'à l'obtention d'une consistance homogène.

2. Servez très frais dans 2 grands verres.

INFO NUTRITION

La gelée royale possède un effet tonifiant et antifatigue reconnu. Consommée régulièrement, elle permet de renforcer le système immunitaire.

Supersmoothie au kéfir

Pour 2 grands verres / 5 min de préparation

Ingrédients
2 oranges
20 cl de kéfir
2 bananes
1 cuil. à soupe d'huile de coco
20 g de canneberges
20 g de baies de goji
20 g de myrtilles
2 cuil. à soupe de graines de chia

Matériel
Presse-agrumes
Blender

1. Pressez les oranges. Versez le jus dans le bol du blender, ajoutez-y le kéfir, les bananes épluchées et coupées en morceaux et l'huile de coco.

2. Mixez rapidement, puis ajoutez les baies et les graines de chia. Mixez de 30 s à 1 min jusqu'à ce que le mélange soit homogène. Placez le smoothie au réfrigérateur. Servez très frais.

INFO NUTRITION

Le kéfir est une boisson issue de la fermentation du lait ou du jus de fruits. Riche en probiotiques, il facilite la digestion et fortifie la flore intestinale, permettant ainsi de prévenir les désordres intestinaux.

Smoothie vert avocat-kéfir

Pour 2 grands verres / 10 min de préparation

Ingrédients

25 cl de kéfir de lait
1 concombre
1 avocat
1 oignon blanc
Le jus de ½ citron vert
2 cm de gingembre frais
1 bouquet de menthe fraîche
1 cuil. à café de gomasio
Poivre

Matériel

Blender

1. Épluchez le concombre, l'avocat et l'oignon et coupez-les en morceaux.

2. Dans le bol du blender, placez le kéfir, les morceaux de légumes, le jus de citron vert, le gingembre frais pelé et coupé en morceaux, la menthe ciselée et le gomasio.

3. Poivrez selon votre goût et mixez à puissance maximale pendant environ 30 s. Dégustez très frais.

Milkshake au chocolat et aux graines de chia

Pour 1 grand verre / 5 min de préparation / 5 min de repos

Ingrédients
25 cl de lait d'amande
2 cuil. à soupe de graines de chia
2 cuil. à soupe de cacao cru en poudre
½ cuil. à café de cannelle en poudre
1 cuil. à soupe de sirop d'agave

Matériel
Blender

1. Moulez les graines de chia le plus finement possible et versez la poudre obtenue dans un bol avec 3 cuil. à soupe de lait d'amande. Laissez gonfler pendant 5 min.

2. Dans le bol du blender, versez le reste du lait d'amande, le cacao, la cannelle, le sirop d'agave et les graines de chia gonflées. Mixez 30 s à puissance maximale avec quelques glaçons. Dégustez immédiatement.

INFO NUTRITION

Le cacao cru, contrairement au cacao classique, n'a pas subi de torréfaction. Les composés qui font du cacao un superaliment (vitamines, substances antioxydantes) sont bien plus élevés.

Smoothie pomme, banane, betterave et miel

Pour 1 grand verre / 10 min de préparation

Ingrédients

1 pomme verte
1 petite betterave
½ banane
2 cuil. à soupe de jus de citron jaune
1 cuil. à café de miel
4 glaçons

Matériel

1 blender

1. Épluchez la pomme, la betterave et la banane. Coupez-les ensuite en morceaux. Mettez le tout dans le blender, ajoutez le miel et les glaçons et mixez. Ajoutez un peu d'eau pour détendre la préparation. Buvez bien frais.

VARIANTE

Remplacez la banane par un demi-avocat.

Thé glacé à l'acérola

Pour 1 l de thé / 5 min de préparation / 2 h d'infusion / 2 h de réfrigération

Ingrédients
6 cuil. à café de thé vert
Le jus de ½ citron vert
1 cuil. à soupe de sirop d'agave
2 cuil. à café d'acérola en poudre

Matériel
Carafe

1. Dans la carafe, versez 1 l d'eau à température ambiante ; ajoutez-y le thé vert, le jus du demi-citron et son zeste. Mélangez et laissez infuser pendant environ 2 h, puis filtrez.

2. Ajoutez ensuite le sirop d'agave et l'acérola en poudre. Mélangez bien et mettez au frais pendant au moins 2 h. Dégustez très frais avec de la glace pilée pour encore plus de fraîcheur.

Smoothie avocat, fraise et basilic

Pour 1 grand verre / 5 min de préparation

Ingrédients
1 avocat
150 g de fraises
1 cuil. à soupe de basilic ciselé
4 glaçons

Matériel
1 blender

1. Épluchez l'avocat et mettez la chair dans le blender. Passez les fraises sous l'eau et équeutez-les. Mettez-les dans le blender, ajoutez le basilic et les glaçons. Mixez et dégustez immédiatement.

VARIANTE

Remplacez les fraises par des myrtilles et le basilic par 1 pincée de vanille en grains.

INFO NUTRITION

La fraise fait partie des fruits peu sucrés : seulement 6 % de glucides contre 12 % pour la moyenne des fruits. Elle est riche en vitamine C.

Boisson rafraîchissante au citron, gingembre et klamath

Pour 2 grands verres / 5 min de préparation

Ingrédients

1 citron jaune
1 citron vert
3 cm de gingembre frais
1 bouquet de menthe fraîche
1 cuil. à café de klamath
50 cl d'eau gazeuse

Matériel

Presse-agrumes
Blender

1. Pressez les citrons et versez-en le jus dans le bol du blender avec le gingembre épluché et coupé en morceaux, la menthe ciselée et la klamath.

2. Mixez pour obtenir une consistance homogène, puis ajoutez l'eau gazeuse. Servez très frais, accompagné de glaçons.

INFO NUTRITION

La klamath est une micro-algue remarquable par sa richesse en protéines (70 %), vitamines (B9 et B12 surtout), oligoéléments et minéraux : chrome, manganèse...

Eaux de coco

Pour 1 verre / 5 min de préparation

Ingrédients

Pour la version ananas-menthe

½ ananas frais

2 brins de menthe

20 cl d'eau de coco pure

Pour la version mangue-basilic

½ mangue

2 brins de basilic

25 cl d'eau de coco pure

Matériel

Blender

1. Pour la version ananas-menthe : lavez et effeuillez la menthe. Épluchez le demi-ananas et coupez la chair en morceaux. Déposez-les dans le bol du blender avec les feuilles de menthe et l'eau de coco. Mixez jusqu'à ce que vous obteniez un mélange homogène. Vous pouvez déguster tel quel ou filtrer la préparation.

2. Pour la version mangue-basilic : lavez et effeuillez le basilic. Épluchez la demi-mangue et coupez la chair en morceaux. Déposez-les dans le bol du blender avec les feuilles de basilic et l'eau de coco. Mixez jusqu'à ce que vous obteniez un mélange homogène. Dégustez aussitôt.

Carrément cuisine

Découvrez tous les titres de la collection !

5,95 €

100 recettes

Crédits des recettes :
Alexandra Retion : pp. 16, 26, 32, 36, 38, 40, 42, 48, 56, 88, 146, 166, 186, 196, 198 ; Clémence Roquefort : pp. 22, 24, 34, 52, 60, 94, 110, 114, 122, 128, 134, 140, 142, 148, 158, 164, 170, 174, 178, 184, 188, 202, 204, 206, 208, 210, 214, 218 ; Coralie Ferreira : pp. 44, 46, 50, 62, 66, 68, 72, 74, 76, 78, 82, 84, 86, 92, 96, 98, 104, 108, 112, 120, 124, 126, 136, 138,144, 150, 152, 154, 160, 162, 172, 176, 182, 190, 200, 220 ; S'cuiz in : 18, 20, 28, 54, 58, 100, 116, 118, 168, 180, 192 ; Stéphanie de Turckheim : 30, 64, 80, 90, 102, 106, 130, 132, 212, 216.

Crédits des photographies :
© Aimery Chemin : 35, 53, 61, 115, 123, 129, 135, 143, 149, 159, 171, 175, 185, 203, 205, 207, 211, 215, 219 ; © Aline Princet : 17, 27, 33, 37, 39, 41, 43, 49, 57, 89, 147, 167, 187, 197, 199 ; © Maud Argaïbi : 31, 65, 81, 91, 103, 107, 131, 133 ; © S'cuiz in : 19, 21, 29, 55, 59, 101, 117, 119, 169, 181, 193 ; © Stéphane Bahic : 23, 25, 95, 111, 141, 165, 179, 189, 209 ; © Virginie Garnier : 45, 47,51, 63, 67, 69, 73, 75, 77, 79, 83, 85, 87, 93, 97, 99, 105, 109, 113, 121, 125, 127, 137, 139, 145, 151, 153, 155, 161, 163, 173, 177, 183, 191, 201, 213, 217, 221.

Direction : Catherine Saunier-Talec
Responsable éditoriale : Céline Le Lamer
Responsable artistique : Nicolas Beaujouan
Responsable du projet : Marin Postel
Fabrication : Amélie Latsch
Partenariats : Sophie Morier (smorier@hachette-livre.fr)

Dépôt légal : mai 2018
58-3724-1/01
ISBN : 978-2-01-704264-8
Achevé d'imprimer en Espagne par Macrolibros.